西乡隆盛

剧变时代的领导力

〔日〕童门冬二 - 著　　　饶雪梅 - 译

西郷隆盛

人を魅きつける力

中国出版集团 東方出版中心

图书在版编目（CIP）数据

西乡隆盛：剧变时代的领导力 / (日) 童门冬二著；
饶雪梅译.—上海：东方出版中心, 2019.7
（琢磨文库）
ISBN 978-7-5473-1481-4

Ⅰ.①西… Ⅱ.①童… ②饶… Ⅲ.①领导方法—通
俗读物 Ⅳ.①C933.22-49

中国版本图书馆CIP数据核字(2019)第116815号

上海市版权局著作权合同登记：图字 09-2019-232 号
SAIGOU TAKAMORI HITO WO HIKITSUKERU CHIKARA
Copyright © 2017 by Fuyuji DOMON
First published in Japan in 2017 by PHP Institute, Inc.
Simplified Chinese translation rights arranged with PHP Institute, Inc.
through Bardon-Chinese Media Agency
Simplified Chinese translation copyright © 2019 by Orient Publishing Center

西乡隆盛：剧变时代的领导力

出版发行：东方出版中心
地　　址：上海市仙霞路 345 号
电　　话：021-62417400
邮政编码：200336
印　　刷：杭州日报报业集团盛元印务有限公司
开　　本：890 mm×1240 mm　1/32
字　　数：106 千字
印　　张：5.5
版　　次：2019 年 7 月第 1 版第 1 次印刷
I S B N：978-7-5473-1481-4
定　　价：29.80 元

目　录

序　章　剧变的时代尤其需要读西乡隆盛 / 001

第一章　西乡的自我提升之道 / 009

第二章　天才式人脉构建 / 030

第三章　如何撼动大山 / 061

第四章　西乡作为领导者的威望 / 088

第五章　应对危机的哲学 / 109

第六章　人生哲学——西乡语录 / 116

第七章　向伟大的领导者学习 / 134

终　章　现代领导者的人望 / 143

年　表——追寻西乡隆盛的人生轨迹 / 146

译后记 / 161

序章　剧变的时代尤其需要读西乡隆盛

西乡手法的本质——结构重组

当今世界各种问题层出不穷，国际化、信息化等词语频频入耳。即使身处偏僻一隅，即使一个人或一家企业的小活动，也由不得我们只顾一己之见而无视其他。这样的时代要求我们下判断、做决策时须努力收集各种信息，找出问题关键加以分析，并准备多种方案，择优采用。

如此大环境之下，企业中层管理者的工作尤为不易。特别是他们与年轻人之间存在不容忽视的代沟，常常难以交流。经常听到他们抱怨现在的年轻人简直像外星人，根本无法沟通。甚至有极端的观点认为，如今管理层的重要课题之一就是忍耐。中层管理者对年轻人已是满腔怒火，忍无可忍了。

后文将对这一点展开详细论述。在此先打个比方，如果说生气是日全食式交流的话，中层管理者若不能及时采取日偏食式交流，就难以应对年轻人。践行这种改变的一个典型例子就是西乡隆盛（1827—1877）。他灵活避开日全食式交流，采取日偏食式交流，从而成就了大事。

笔者认为，西乡在当今的意义至少有三点。

第一，他经历了自身所处时代的苦恼，并不懈地寻找解决之道。

第二，他绝不逃避各种潮流趋势，总是坚定地从正面应对，并灵活运用不同对策。

据说，在雪国人们有三种待雪之道：战胜雪，简称"胜雪"；亲近雪，简称"亲雪"；利用雪，简称"用雪"。

从西乡的为人处世看，他善于从实际情况出发，灵活运用胜雪、亲雪和用雪三种方法。也正因如此，他能在命悬一线之时迅速振作起来，重获能量，成功实现重生。重生后的他已不同于以往，对于无法战胜的雪，他或采取亲雪之策，与之和谐相处；或采取用雪之策，在踩踏一番之后巧妙地加以利用，从雪中获益。西乡这种独特的领导才能尤其值得我们学习。

西乡的手法可谓真正意义上的结构重组。英文 restructuring 一词通常译作"企业重组"。这个"重组"一般指经营内容、财务等方面的重组。在日本却多指缩小再生产、减量经营等手法，给人以消极的印象，且往往因此导致员工士气低落。但西乡的手法并非这种消极意义上的重组。

一般认为重组通常按如下方式展开：面对企业出现的各种问题，一些人首先萌发了改善的愿望或志向。这些人多为中层管理者，既非上层领导者，也非下面的底层（一线员工）。这些变革群体通常由于坚信自己的变革思想最为正确而强势地宣扬自身主张，但这种出头鸟往往会被打败。他们首先会遭到来自上层的打击，被束缚手脚，到最后就销声匿迹了。

关于这一点，只要看看明治维新的过程就很好理解了。那些起初想在个人层面发起社会变革的人士，即学者和被称为志士的浪士等，他们的活动都属于此类。这些活动尽管也有顺利的时候，但这种顺利纯属偶然，是无法持续的。

明治维新的最后，站到前面的终究还是组织。变革的中心是萨摩藩、长州藩和土佐藩，与之对抗的幕府方面则是会津藩、桑名藩和庄内藩。幕末维新虽然起初是由个人发起的，但最终还是演变成了组织对组织的斗争，而且斗争的关键在于组织获取了怎样的信息，抓住了怎样的问题点，又做了何种选择并加以践行。西乡隆盛、大久保利通、木户孝允、坂本龙马和伊藤博文，他们中的任何一个，归根结底都是组织内部的一个领导者。即使脱藩成为自由人的坂本龙马，也组建了龟山社中，即后来的海援队。而他正是由于意识到只身一人难以成就大事，所以才召集了许多有才能的个人，创建了组织。

幕末的维新与当今企业的经营有相似之处，那段历史值得企业在制定经营战略、对策时借鉴，也对中层管理者摸索如何在组织中发挥管理才能大有启发。在企业面临严峻形势的今天，置身组织之中总难如意的我们，非常有必要向西乡学习如何应对各种问题。

本书将考察西乡如何灵活运用胜雪、亲雪、用雪三种方法，应对所处时代的一个又一个浪潮。西乡手法的本质在于结构重组。本书将着重从这个视角来分析西乡的人生轨迹，以期能给身处管理之职的中层管理者一些启发，帮助他们摸索如何更好地发挥自身的管理才能。

超越时代的普遍性

西乡当下意义的第三点是有助于我们重新思考"日本式"。

以企业经营为例，曾经有一段时间，"日本式经营"在美国受到高度肯定。首先关注日本式经营的是美国的经济学家，其后哈佛大学傅高义所著《日本第一》（*Japan as No. 1*）一书问世并在美国备受好评。该书介绍到日本时，在日本引起了巨大的轰动。日本人就有这样的癖好：喜欢介绍国外称赞日本的观点，并顺带对此前不受关注的人和事——重新评价。这个"日本式经营"当然也不例外。

傅高义所说的日本式经营的优点，主要指日本传统企业的经营模式，包括终身雇佣、论资排辈、丸抱录用①、以和为贵、下呈上的禀议制度、神舆式经营②、集团责任体制、既权威主

---

① 丸抱录用：向员工支付资金及生活费等全部费用，并照顾其各方面需要。
② 神舆式经营：神舆是神道中用来抬神的轿子，祭礼时由神社附近的居民们抬着行进。神舆式经营指日本式集团经营中，企业最高层如安置在神舆中的神，真正管理企业事务的则是企业中层管理人员。

义又可民主参与的组织、对私生活也关照备至的恩情主义、人事劳务惯例等。

对此，现在人们普遍认为，这种日本式经营的特质其实是江户时代常见的，未必符合战后日本企业的实际情况。

究其原因，傅高义所分析的数据全都基于 3 000 人以上的大企业。从日本企业规模分布的实际情况看，这种 3 000 人以上的大企业至多占总数的 10％左右，其余 90％都不满 3 000 人，而且其中 10 人以内的小企业就占了 70％左右。从这一点看，傅高义使用的数据难免片面之嫌。

对此，日本企业界开始重新分析真正的日本式经营究竟是怎样的。这个问题对中小企业而言尤为迫切。人们开始反思：日本式经营是否具有不同于外国研究所说的优点和优势？日本人自身是否忽视了这些优点和优势？特别是面对外国强烈要求减少政府干预，出现了"现在是第二开国期"的观点以后，这种倾向尤为明显。

经常听到国外回来的人都说还是日本最好。他们觉得日本物质富裕，治安又好，言论自由也有保障，不用担心自己的言行被间谍告发，而且只要想工作就有机会。值得注意的是，在如此富裕的背后，实际上也相应地存在着被遗弃的民众。

战前与战后的日本社会，对历史人物的评价往往存在巨大差异。有些人战前备受推崇而战后评价一落千丈，甚至被批得体无完肤。仅有西乡一贯备受褒扬，崇拜他的人也很多。即使现在也还有人开玩笑说，去了鹿儿岛，如果说西乡的坏话，就别想活着回来。其实这并不限于鹿儿岛，整个日本列岛的人对西乡都是好评。西乡是永垂不朽的。

构建人脉和组织的达人

一百多年来备受赞誉的西乡隆盛，到底是怎样的人？特别是在领导他人方面，西乡有何过人之处？

作为一个领导者，西乡并不完美，并不具备全面的领导才能。他也曾因年轻气盛而犯错、受挫。但是，他从未被击垮，甚至在大家都以为他死定了的时候，他又奇迹般地复活了，连精神也实现了重生，在敌人面前展现出不同于以往的自己。这种百折不挠的精神、越挫越勇的热情是从哪儿来的呢？

在实现维新这一扭转乾坤的大事业的过程中，西乡作为组织者，可谓前无古人，后无来者。他不仅统合了萨摩藩，还充分联合了其他藩的志同道合之士。特别是萨长联盟，如果没有西乡努力争取，萨摩藩根本不可能与水火不容的长州藩联合。当然，其中还有坂本龙马的斡旋，但离开了西乡的满腔热忱和杰出的领导才能，萨长联盟是不可能实现的。周围人的支持和配合确实发挥了很大作用，但把这些充分调动起来的还是西乡的人品。

这种争取周围人的支持和配合的领导方法，可谓真正的重组。本书将从以下七个角度考察西乡的领导力：

（1）贯穿西乡一生的自我提升之道是什么？对他而言，终身学习之道是什么？

（2）他是如何练就高瞻远瞩的能力的？又是如何以灵敏的耳朵和锐利的眼睛察觉社会发展趋势的？

（3）个人的能力毕竟是有限的，西乡很早就开始重视人际关系。那么，西乡到底是如何构建人脉的？他的人脉构建法有何特别之处？

（4）作为一个具有超强行动力的领导者，采取行动时，西乡是如何决断并执行的？本书将对他这种决断力、行动力展开分析。

（5）西乡一生中遭遇多次危机，他是如何渡过的？他是如何战胜挫折，实现重生，进而充分发挥能力，渡过危机的？

（6）中层管理者学习西乡，该学什么？又该如何学？

（7）西乡自身又有着怎样的人生观、价值观？

说到西乡的为人处世训条，其实西乡自身并未写下言行录或处世训之类的东西，但他身边的人，例如因敬慕西乡而从山形县鹤冈远道而来的庄内藩士，他们与西乡一同耕作时，常常把西乡的话语记录下来。笔者将通过这部西乡语录分析西乡日常思考什么问题。

用今天的话说，西乡通过重组实现了自己的目标。再强调一下，重组这样的事情，单靠胸怀变革之志的领导者凭借一己之力拼搏，是难以成功的。单个人或少数人组建的小团队独干，必将受到周围的掣肘、打压，最终壮志未酬身先死。西乡也有过这样的教训，但他并未就此一蹶不振，而是重新振作起来，吸取教训，努力发展同志，既争取上层也重视下层，而且范围远不限于萨摩藩，他还团结志同道合的各藩，取得组织的配合，壮大为强大的变革力量。这正是重组最重要的地方。

西乡最值得我们学习的是长期坚持不懈的精神。他勇于试错并不断从错误中吸取宝贵的教训，力求退一步进两步。当然过程中西乡可能既哭过也笑过。他视这些喜怒哀乐为人生常态，并加以珍惜。对于西乡这个特别之处，笔者将通过与其竞争对手大久保利通近乎冷漠无情的理智作对比，展开分析。

第一章　西乡的自我提升之道

龙马的自我提升之道

自我提升、自我启发等不仅对新手而言，对管理者而言也是必不可少的，这就是职场中常说的终身学习。不过，终身学习绝不限于职场，对任何一个地区、任何一个家庭，乃至我们所处的任何场合而言，都是不可或缺的。说到终身学习、自我提升，就不得不提坂本龙马（1836—1867）。

坂本有件很有名的逸事。有一次朋友向他提了一个问题。

"现在对我们而言最重要的是什么？"

坂本回答道："现在是这个的时代！"

他说"这个的时代"时出示的是一把长刀。关于"这个"可以有各种解释，不过，从当时的场合和形势来看，应该指成为武士。早在德川幕藩体制确立开始，士农工商的身份制就已完备，形成了森严的等级制度。

坂本龙马家经商，是乡士①。龙马出生时坂本家已经是高知城下町②的大商人，时至今日高知县南国市还有坂本祖先的房子。据说坂本家原来是长宗我部元亲（山内一丰成为土佐的国主后，长宗我部元亲作为旧统治者被赶走）的部下，祖上来自近江，与明智光秀③也有一定关系。如果传说属实，那么可以说坂本家族流着叛逆者的血液。

当时的高知，身份等级特别森严。长宗我部系的武士全都被驱赶到山岳地带，成为乡士，饱受山内系武士歧视。而且山内的家臣之间也存在严重的身份差异。尤其是足轻④，如果遇到身份较高的武士——上士，即使雨天，也必须匍匐在泥泞中给上士行礼。上士则撑着伞，穿着高齿木屐，故意用木屐溅泥水到对方脸上，嘲笑一番后离去。这种屈辱感在身份低下的土佐藩士中日益增强。

乡士的身份则比足轻还低，出生在乡士之家的坂本龙马受

---

① 乡士：江户时代，务农的武士或取得武士待遇的农民、町人。平时务农，战时从军。1600 年的关原之战后，土佐藩对原藩主长宗我部元亲的部下给予乡士地位作为安抚，新藩主山内一丰的原家臣则被擢升为上士。因此，与其他藩相比，土佐藩的上士与乡士的差别更加明显，也使两者产生了潜在的敌对关系。幕府末期，幕府和藩政府的权力衰弱，许多土佐乡士都投身到尊王攘夷的运动中。

② 城下町：以领主的城郭为中心形成的聚落、街镇。

③ 明智光秀（1528—1582）：安土桃山时代的武将，织田信长的得力部下，近江坂本城主。1582 年在京都本能寺突袭主君信长，令其自杀，不久后在山崎被丰臣秀吉打败，败走途中被农民杀害。有观点认为，本能寺之变后明智光秀的女儿逃至土佐，改姓坂本。

④ 足轻：平时从事劳役，战时成为步卒。江户时代最低等的武士。

到的歧视就不言而喻了。所以，当坂本拍着长刀说"这个"时，应该是指除了成为武士别无他法。

武士之外的阶层想要凭借自身实力得到认可，只有三条路：或者在剑术和柔道等武术方面展示出非凡实力；或者学问上才华出众；或者成为僧人。

坂本自身的学问素养如何，我们不得而知。他最初选择的是剑术之道，他进入江户（明治维新后改名东京）有名的千叶周作之弟①建立的道馆，并成为"免许皆传"②。而那个问他"现在最重要的是什么"的朋友，在他的刺激下也开始努力习剑。

不久后剑术提高至一定程度，那个朋友再次问坂本"现在最重要的是什么"。这次，坂本掏出高杉晋作给他的手枪，说道："现在是这个的时代。"

"现在是手枪的时代"意指如今已不再是长刀和长枪的时代，即使战斗，也必须充分利用外国的先进武器。这种想法大概是受他所拜之师胜海舟（1823—1899）的影响。

胜海舟曾指着地球仪教导他说："拘泥于日本这样的小国，尤其还是在土佐做一只井底之蛙是不行的。睁眼看看大洋彼岸的世界吧。"

产业革命后，大洋彼岸的列强为了开拓市场，不断逼近东方。中国（清朝）已经在 1840 年爆发的鸦片战争中遭受列强侵

---

① 千叶周作（1794—1855）：北辰一刀流的创始者。其弟千叶定吉（1797—1879）也是著名的剑士。

② 免许皆传：武道中学到了本流派所有技法的弟子。

略，被迫接受大量殖民侵略条款。列强当前，日本的爱国之士同仇敌忾："可恶！绝不能让日本步清朝的后尘！"这就是当时忧国之士即攘夷派武士对欧美的态度。在这一点上开国派也一样。

坂本也受胜海舟等人的思想启发，认识到不能再单纯依靠长刀、长枪了，光获得武士身份也不叫什么本事。如果不睁眼看世界，没有全球视野，将连日本偏僻一角也待不下去。身处这样的时代，最紧要的是以日本人原有思想为主体，引进国外的先进技术，加以灵活运用。这个观点与佐久间象山、胜海舟和横井小楠等人提倡的"和魂洋艺"或"和魂洋才"相同。他们都清楚地认识到，无论怎么叫嚷攘夷攘夷，依日本的国力是打不赢外国的，应该在不抛弃本国优良传统的前提下，积极引进外国先进的科技文明，同时避免被毒化、被彻底西化，这才是和魂洋艺或和魂洋才的真正意义。坂本龙马对朋友说"现在是这个的时代"，指的就是手枪所象征的外国科技文明。

又过了些时间，那个朋友第三次问坂本同样的问题，坂本依然回答说："现在是这个的时代。"这次他从怀里掏出的则是《万国公法》。这是一本介绍解决国家间冲突所应该遵循的法律的书，即介绍全球规则的书。这表明他开始提倡通过协商解决问题，他认为即便世界规模的纷争，也不应该诉诸武力，而应共坐一席和平协商达成共识。当他乘坐的伊吕波丸号与和歌山藩的船相撞而沉没时，他也表示应该依照万国公法解决，并通过反复交涉解决了这件事情，从始至终没有动用武力。据说，日本最早运用万国公法的就是伊吕波丸号沉船事件。

纵观坂本龙马的自我提升之道，第一阶段是为成为武士而习剑，这是他当时的首要课题；接着，他意识到时代变了，剑术已经过时，必须引进外国的军舰、大炮、步枪、手枪以及这些所代表的外国科学技术，于是开始提倡和魂洋艺，这是第二阶段；到了第三阶段，他认为国际纷争都应该通过协商和平解决。用现在的话说，首先想到的是联合国或欧盟等国际组织。坂本龙马早在这个时候就注意到对话平台的必要性了。

放弃队友的领导者

坂本自身非常积极上进，能不断迅速调整自己，或者说他有先见之明，能这般灵活地改变自己。不过，世上总有些人是难以改变的，在坂本用理论武装自己不断前进的时候，无法理解坂本观点的也大有人在。

那些不理解坂本的人是如何想的呢？他们可能会认为："这家伙以前说长刀最重要，让我们练习剑术，很快就改说手枪最重要，该学习外国的科技文明。刚说完没多久又变成万国公法最重要，应该协商解决问题，避免战争。像他这样变个不停，我们实在跟不上。他独自一人头也不回地往前走，留下我们晕头转向，像什么话？再说，仅他一人匆匆往前赶又有什么意义？拜他所赐，我们浪费了大量时间和精力。我们要杀了坂本那个混蛋！"说来，坂本龙马被谋杀可能正是由于他走得太快而招致那些跟不上的人的误解。

作为领导者，坂本龙马具有出众的预见性，善于看清社会趋势，而且能迅速应对时代变化，像变色龙那样随机应变（这个说法不太好听）。随机应变就意味着根据情况改变自身。而改变自身，在那个时代无疑伴随着生命危险，但坂本勇敢地做了。

职场中也常有类似的情况。有些领导不像坂本，又无法耐着性子看部下慢吞吞地做事，干脆自己出手："算了算了，我来做。"这样并不利于培养后辈和部下。要培养好他们，还是要耐心地花些时间引导他们发挥自身能力。但是，生死存亡之际坂本无暇顾及这些，他认为在瞬息万变的时代，领导者应该率先应对。他这样也没什么错，但如此一来那些跟不上的人就被放弃了。

海援队就是这种情况：一些志向相同的脱藩人士加入该队，共同经营盈利性事业，但如果没有驾驶船只或经营之类的技能，就难以在海援队待下去。坂本不怎么考虑培养接班人，只注重马上可用之人。这样一来海援队便成了精英集团。

有些人怀着满腔抱负努力提高自身能力，尽力跟上坂本，但最终还是被放弃了。坂本说着"我实在没有那样的工夫。再见"，便走远了。这一点上他与西乡截然不同。

西乡关心他人疾苦

西乡作为领导者，最突出的一点就是不忘自己的痛苦经历。

所谓痛苦经历，是指他受过伤害，承受过巨大的痛苦，他呻吟过，哭喊过，也咬紧牙关强忍过伤痛。他一生中反反复复经历了许多这样的痛苦。

作家山本周五郎（1903—1967）的某部作品中有这样一句话："我深知自己的痛苦，因而也理解他人的疾苦。"

元治元年（1864）二月，西乡获得赦免，结束第二次流放（流放冲永良部岛）。召还的船只前来接他回鹿儿岛时，他对赦免的使者吉井友实（1828—1891）说："我不能一个人回去。去喜界岛带上村田新八（1836—1877）一起回吧……如果藩里不同意，我就再回岛去……"他就这样把村田也带了回去。

西乡的理由是："既然我的罪行可以赦免，那么受我牵连的村田新八当然也应该得到赦免。"他就是这样一个为了情义不顾自身性命的人。

村田新八从此放弃追求个人的出人头地，直至明治十年（1877）为西乡战死城山。

西乡终其一生坚持将心比心、推己及人。自己受了伤，强忍痛楚的同时，还担心他人的伤痛，而不像坂本那样置他人于不顾。西乡也拥有非凡的先见之明，但他绝不会因为时代瞬息万变而识时务地独自奔向目的地。西乡看到自己同时代的人受伤，特别是看到受自己言行影响而痛苦的人时，即使自己不得不投身到新状况中，他也会带着对方一同前行。西乡一直坚持这样为人处世，所以，在自我磨炼之道上，他往往是一进一退，前进一步又后退一步。不过，即使暂时被拖后腿，他也会努力再往前走两步。

例如由罗骚动。这是岛津齐彬（1809—1858）（对西乡而言，不仅是主公，更是良师）成为藩主之前，与其弟久光（1817—1887）争夺藩主之位引发的骚动。这不是普通的家庭内乱，也不是简单的继任权之争，它还关系到萨摩藩政经营政策的选择。

萨摩藩往前三代的藩主是岛津重豪（1745—1833），他豪迈磊落，是个开明的藩主。他施行全面引进外国文明的政策，而且生活上穷奢极侈，因此欠下了巨额债务。重豪退隐后将藩主之位让给其子齐宣（1774—1841）。齐宣的改革路线则彻底否定了其父的政策。

齐宣重用秩父太郎（1773—1808）。秩父太郎是条真正的硬汉，他很早就开始批判重豪的政策。他研读中国朱子所著《近思录》一书，门下弟子众多，这些弟子被称为近思录派。齐宣任藩主后，秩父作为家老备受重用，他彻底推翻重豪的政策，施行严厉的财政紧缩的政策。重豪得知后，怒火中烧，令齐宣退隐，让齐宣之子齐兴（1791—1859）就任藩主之位，并令秩父切腹自杀，还清除了所有近思录派的人。这一彻底肃清事件被称为秩父倒台事件。

重豪重掌藩政大权后，萨摩藩财政进一步恶化，重豪于是起用一个叫作调所笑左卫门（调所广乡，1776—1849）的人，让他进行藩政改革，强令他通过经营改革实现50万两盈利。

对于500万两债务，调所声称250年内偿还，也就是每年仅偿还 2 万两。通过如此强行赖账解决大部分债务后，他开始振兴产业以增加收入。

所谓振兴产业，调所瞄准了奄美三岛（大岛、德之岛、喜界岛）的黑砂糖，他将黑砂糖收归官方专营。这无疑给岛民带来了深重的苦难。

终身以齐彬为师

嘉永二年（1849），爆发了撼动萨摩全藩的由罗骚动。当时西乡隆盛 23 岁。

岛津齐兴有两个儿子，长子齐彬和次子久光。两人同父异母，久光之母是齐兴的侧室由罗。

由罗骚动的重要原因之一是，齐彬的性格与其曾祖父重豪非常相似。齐彬也相当开明，非常关注外国文明。他就任藩主后在施政方面也确实沿袭了重豪的路线。他把鹿儿岛的一角设为曼彻斯特式的工业城市，设置了与之相应的体制，生产各种工业产品。这把调所笑左卫门煞费苦心攒下的一点盈余消耗殆尽。

于是，萨摩藩所有保守人士开始窃窃私语。

"齐彬一当藩主就回归散漫经营路线，萨摩难免再度濒临财政危机。久光则不同，年纪虽轻却相当踏实稳健，如果由他当藩主，应该会采取上一代藩主齐宣那样稳健的经营政策。从这个意义上说，久光比齐彬更合适。"

这就是由罗骚动的背景。由罗骚动并不单纯是家庭内乱，并不单纯是由罗向齐兴吹耳边风说："喂，让我生的久光担任下任藩主吧。"事实上，萨摩藩已然分成了两派，其中一派担心齐彬担任藩主将导致萨摩藩再次背负数百万两债务，为了避免全藩财政破产，他们拥护稳健的久光担任下任藩主。

事实上，诸如治藩有方、幕末名君之类的评价，都是西乡隆盛等人对齐彬的评价，在久光派即调所笑左卫门派或其父齐兴眼中，齐彬则是个非常危险的藩主。

正如人们常说的，企业经营者的上一辈越投机，继任者就越有必要稳固事业的根基，争取财政稳定。尤其是投机性事务，必须三思而后行，财政上确实能挺住才能开始。这样的经营方针在江户时代豪商的家训中也很常见，大名①家当然也有必要遵循。但重豪和齐彬却没有这样的意识，他们既不量入也不节流，挥金如土。这自然是不行的。当然，类似的事情现在也并不少见。

如此背景之下，对萨摩藩而言，选择继任者就意味着选择相应的经营政策。不过，萨摩藩中也有不少人并不这样冷静地分析情况，他们只在乎忠诚。西乡隆盛就属于这一类，大久保利通（1830—1878）及其父大久保利世（1794—1863）也属于这一类。他们待人真心诚意，很讲义气，可以为了某个人赴汤蹈火在所不辞。

---

① 大名：江户时代，石高一万石以上、有资格谒见将军的领主。

这种对组织的忠诚、对首领的忠心，可谓日本式经营的特质，拥有悠久的历史，在西乡同时代人身上也得到了相当充分的体现。按他们的逻辑看，反对派的所作所为都是错误的，他们憎恨反对派。西乡后来之所以被久光厌恶，很大一个原因就在于这种潜意识的影响，而西乡也对久光耿耿于怀。齐彬派欲拥立齐彬而憎恨久光派，并做了各种动作，而久光派也以牙还牙，结果冲突愈演愈烈并导致流血事件。这就是由罗骚动。

当时齐彬派一度遭到彻底压制。大久保利通的父亲也被流放远岛，西乡敬重的赤山靱负（1823—1850）也被罚切腹自杀，其鲜血染红的腹带交到了西乡手中。

此外也还有很多事件不断刺激血气方刚的西乡。对单纯质朴的西乡而言，齐彬不仅是主公，也是良师，甚至超越良师而上升为信仰的对象。忠诚是西乡终身不忘的人生信念。可以说，他为了这个信念，自年轻时起便遭受了不少伤害。

在伤害中成长

在得到齐彬赏识之前，西乡在郡方（类似于现在的地方事务所）任文书。他的主要工作是指导农业，估算并征收年贡米。当时藩里官吏腐败堕落，收受贿赂。行贿的农民征税较少，不行贿的征税就多，情况非常严重。西乡对此愤懑不平，便向他的上司郡奉行——一个叫迫田太次右卫门的人提意见。迫田无奈地摇摇头，说道："你说的都对，但我无能为力。既帮不了农民，也于藩无用。越想尽职，越会害苦农民。整个藩都已经腐朽得无可救药了。我也只能辞职。"当时他还赠送西乡一首和歌："虫儿虫儿，万勿断伏草之根，伏草根断，汝命亦亡。"

"伏草"指水稻，意指农民；虫则指贪官污吏。这首和歌的大意是：如果连水稻（农民）的根也吞食，你们也别想活命。劝你们还是适可而止吧。

对此，西乡的心情是复杂的。一方面，他认为与其作这样的和歌，不如留在职位上抗争到底，而不是辞职；另一方面，他又把迫田的这首和歌贴在墙上，每日学习。

这是西乡最初的创伤。后来，他得到齐彬赏识初登高位，但不久便遭遇了齐彬之死。而且在那之前还遭遇了赤山靱负切腹自杀事件。他一生的经历总伴随着鲜血和死亡，可以说，他的魅力中有一半是与忧郁分不开的。他并不总是命运的宠儿，但反过来说，这也成就了他作为一个有情有义有苦恼的人的魅力。

不久后萨摩藩进入久光时代——并不是久光本人担任藩主，而是依照齐彬遗言由久光之子忠义（1840—1897）继任藩主。由于忠义尚年轻，所以久光作为监护人掌握了相当大的权力。久光派肃清了旧齐彬派。久光早就看西乡不顺眼，因为西乡常常毫无顾忌地说："还是齐彬主公英明，他真了不起。换作他的话，绝不会做这么愚蠢的事。"

不巧的是西乡被卷入安政大狱，受到指名通缉。安政大狱是安政五年（1858）大老①井伊直弼②对尊王攘夷派和反井伊派发起的大镇压。西乡是前任藩主齐彬赏识的部下，萨摩藩也不便对他太冷漠。但西乡从京都带回了同样在安政大狱中被幕府指名通缉的僧人月照③。萨摩藩本来打算只杀月照一人，但西乡却庇护月照，不让他们这么做，并带着月照一起投锦江湾自尽。后来月照身亡，西乡被救。藩里担心幕府指责，谎称西乡也身亡，并让西乡隐姓埋名流放奄美大岛（西乡先后改名菊池源吾和大岛三右卫门）。不过，藩里并未把西乡当犯人对待，还给他六石的俸禄，让他"姑且佯装身亡，争取些时间"。

对此，鹿儿岛年轻的伙伴们还是积极活动，呼吁让西乡重回本土，重回鹿儿岛。活动见效，久光不得已召回西乡。西乡回来后首先去的却是齐彬的墓地。他潸然泪下，向齐彬倾诉自己厌恶社会的变化。这招致久光的不快。不久后，久光叫来西乡，并告知进军中央的计划。

---

① 大老：江户时代统辖幕府政务的最高官员，地位在老中之上。只在非常时期设置，仅设一人。
② 井伊直弼（1815—1860）：江户幕府末期的大老，近江彦根藩主。主张开国，与尊王攘夷派对立。1858 年就任大老后，在将军继嗣问题上，力排一桥派，迎立德川庆福为第十四代将军，并且不等天皇同意就签订《日美友好通商条约》等安政五国条约，引发了尊王攘夷运动。井伊由此开始全力镇压反对势力，酿成安政大狱。1860 年樱田门外之变中被暗杀。
③ 月照（1813—1858）：江户末期京都清水寺成就院住持。作为尊王攘夷派，为国事操劳，在朝廷和水户、萨摩两藩之间不辞辛劳地奔走。安政大狱中被幕府指名通缉，与西乡隆盛逃往萨摩藩，因萨摩藩拒绝提供保护，在锦江湾投水而亡。

毫无私心

这个计划就是久光率军上京都，控制京都，向幕府陈述人事和大政方针等方面的意见，即作为敕使代替天皇行使公家权力。

西乡听后毫不掩饰嘲笑之意，说道："如果换作齐彬主公，也许能做到。你的话，既无位也无任何资格，对于这样一个名副其实的无位无冠之人，无论朝廷还是幕府都不会理会的，还是放弃为好。而且，上方①也绝不是那么软弱，别以为萨摩藩主率军前往就能控制京都。"

如果西乡就此打住也还好，但他又说了一遍："如果换作齐彬主公，也许能做到。"

岛津久光顿时火冒三丈。据说当时久光把嘴里的烟管咬得咯吱咯吱响，烟管上甚至留下了齿印。不过，不管怎样久光还是决意让西乡一起上京都。当时久光严厉地命令西乡："你只管先行前往，但无论遇到什么情况都必须在马关（下关，旧称赤间关）等我，不许擅自离开。"

西乡先行到达马关，在那里听闻了上方的形势，大吃一惊。有传言说久光此次上京都是要发起讨幕大军，全国的浪士掀起了跟随久光、作为天皇的亲兵加入讨幕军的运动，他们不断从各地聚集到上方。在西乡看来，这绝对是空穴来风。他认为久

---

① 上方："上"指皇宫的方向，"上方"指京都及其附近一带。

光绝不是那样的人，相反，久光讨厌浪士，也不允许萨摩藩士与浪人交往。事实上久光非常厌恶无所事事却妄加评论政事的浪士，甚至偏激地不允许藩士跟这样的家伙交往。

被震惊的西乡明知久光不许他离开马关，却仍然赶往上方，竭力劝说过激派。后来到达马关的久光向四周扫了一眼后问："西乡不在？他去哪儿了？"

"西乡去上方了。上方的浪士轻举妄动，西乡去阻止他们了。"

但是，在久光眼中，这个理由并不成立，他认为西乡这是公然违背自己的命令。久光本来就嫌厌西乡，不修理修理西乡实在不舒服，现在终于来了个教训他的好机会。久光气势汹汹地对大久保利通（当时叫大久保一藏）说："马上把西乡带回来。因为你们替他说情我才让他从岛上回来的，结果马上就出了这样的事。那家伙明摆着把上司当傻瓜耍，为所欲为，不遵从上司的命令，扰乱组织秩序。这样的人终归做不了我的部下，我要给他点惩罚。"

大久保迫不得已，只好前往上方劝说西乡。对于劝说，大久保有自己的打算。他把西乡带到兵库的海边，对西乡说："我们一起死吧。"不过，这并非大久保的本意，他有他自己的想法，怎能就这样死了呢？他可不想与西乡一起寻死。但如果不这么说，担心西乡不听他的。

不出大久保所料，西乡不愿牵连大久保，坦然认罪："我确实违背了久光大人的命令，不管受到怎样的处罚，我绝不怨恨你（大久保）。"并跟着大久保回到马关。结果，西乡再次被流放远岛，而且被视为犯人。他起初被流放德之岛，后来改为偏远的冲永良部岛。他被关在一间"通风良好"的牢房。所谓"通风良好"，就是寒冬和暴风雨时节也免不了遭受严寒和风雨的蹂躏，其实这就是要整死西乡。当时西乡营养失调，命垂一线。岛上的人看不下去了，伸出援救之手，西乡才得以活了下来。

西乡强忍着巨大的痛苦，强忍着心灵遭受的深深伤害，在痛苦中反思："我应该先从身边的小事着手推进改革。此前失败的原因在于以自己微弱的力量挑战巨大的目标。我一个人去上方是不可能阻止那些浪士的，实际上也确实没能阻止。结果去上方的浪士遭到岛津久光的弹压，特别是聚集到寺田屋的萨摩藩士中的过激派被杀了。久光竟然命令部下杀戮自己人，引起寺田屋骚动，可见他的意志有多么坚定。他之所以如此坚定，就是因为他对那些称为志士的浪士深恶痛绝；而自己没能看清这一点，则是因为对自己的力量过度自信。"

敬 天 爱 人

西乡每次受到伤害都会反省，但后来依然遭受巨大伤害。虽然他很开明，但最终没能追上时代的步伐，与潮流之间的鸿沟在他心中撕开了一道巨大的口子。

讨幕战争中，西乡全军参谋的地位一度岌岌可危，有时甚至不得不听从新冒出头的村田藏六（即长州的大村益次郎[1824—1869]）的指挥。这种情况始于攻击占据江户上野山的彰义队，贯穿整个东北战争。

对于彰义队，大村益次郎强硬地主张讨伐，西乡则主张交由胜海舟处理，结果大村的意见被采纳，西乡善谋略的形象以及政府军参谋的地位由此被动摇。这是由于西乡自身太纠结，无法像坂本龙马那样干脆利落地放弃弱者。他总是站在那些与自己同一时代或同一立场、明知逐渐落后于时代却不知所措的人那一边，并与他们共进退。

这大概也是最后在西南战争中，他虽然并非出于本意但还是不得不参与其中的重要原因之一。他为那些落后于时代的下士阶层、萨摩藩士族搭上了自己的性命。他之所以硬是走上了这条路，还因为他与那些已经成为新政府官僚（官僚政治家）的旧同僚之间有了分歧。当时以大久保利通为首的官僚们生活逐渐变得奢侈，住着豪宅，吃着美食，穿着华服。对此，西乡的看法是："官员生活应该勤俭质朴。如果勤勤恳恳工作，工资却低到民众都看不下去，连舆论都呼吁提高官员的工资，那就应该提高基本工资。现在的情况却是，官员真的太奢侈了，令人看不下去。"与此相对的是，在那些盲目推行赶超欧洲政策的人看来，"西乡已经落后了，跟不上时代了"。

西乡在岛上悟出的是"敬天爱人"的思想。"敬天"是指敬畏天地，"爱人"是指仁爱民众。这个"敬天爱人"还包含着"尽人事，听天命"的思想。与西乡不同的是，坂本龙马不仅不信奉"尽人事，听天命"这样的思想，很可能压根就不信天命这类东西。在这一点上，坂本和织田信长（1534—1852）相似，他们并不信奉神佛，只相信自身的能力，主张人类万能。坂本龙马和织田信长都死于非命，对于自己的死法，他们不可能没有半点不甘吧。毕竟他们自信可以改变社会，而且也确实取得了一定成果。

西乡则没有那么自大，他始终对上天怀着敬畏之情，他知道人力的局限。甚至在某种意义上我们可以称其为宿命论者。这源于他年轻时受过的伤害，让他觉得有时候不管自己如何努力，老天还是会伤害自己。不过，不能借此怨恨老天，因为归根结底是自己能力不足。然而，即使意识到自己能力不足并努力提升自我，依然可能再度遭受老天的伤害，再度受挫，再度失败。西乡的一生都不断重复这样的经历。

不按合理主义处理人际关系

从某种意义上说，不能像坂本龙马和织田信长那样看待事物并坚定向前，是西乡的局限，同时也是他的魅力。很多人对西乡的这一点抱有亲切感。

人际关系是无法简单地做技术性处理的。名为"哈佛系统"的哈佛大学管理学课程的人际关系论和技术论曾风靡一时，却未能在日本扎根，我想原因就在于此，而西乡至今仍然深受人们喜欢的原因也在于此。因为日本人讨厌人际关系技术化。人际关系是心与心的交往，即使同一件事，也可能这种时候可以这样做，那种时候则应该那样处理，而不是依靠简单死板的技术来判断处理。

究其原因，人际关系技术化就意味着像做技术活一样看待人际关系，认为这样做的结果就是 A，那样做的结果就是 B。如此简单粗暴地看待具体的人无异于把人当傻瓜。但是，人是一根会思考的芦苇（帕斯卡尔语），如果有人以为只要运用相应的技法就可以如愿地征服他人，只能说他太傲慢了，既不尊重他人的人格，也不承认人性。

人这种生物是特别的，有着深刻的内在，而不是简单肤浅的，不是轻而易举就能理解的。更何况在许多场合，心理或性情之类的东西发挥着意想不到的作用。正因为如此，我们常常可以看到有人"人生感意气，功名谁复论"，有人可能为了某个人连命都不要。如果无视这些，单纯从技术的角度处理事情，将会招致很多人的抵触。

对坂本龙马或织田信长难以苟同的人，可能觉得西乡曲折、悲壮的一面充满了魅力。西乡至今依然很有人气就说明了这一点。职场中不乏苦叹自己遭遇的人。有些人在不起眼的地方默默努力却得不到肯定；有些人由于不擅长表达或不擅长组织内的世故而被调往别处，坐冷板凳，甚至降职。而这些不合理的遭遇又能向谁倾诉呢？组织的法则漠然允许这些不合理发生，根本没人体恤！那么就只能这样忍受吗？这样的人如果遇到一个经历过挫折和伤害的领导，懂得其痛苦和屈辱，必然会倍感亲切，格外有好感。而西乡隆盛正是这样的领导。

由此看来，西乡隆盛这样的领导，虽然未必很适合精英，但对于那些为组织中的诸种不合理所苦的中层管理者而言，却是莫大的安慰。西乡理解他们遭遇的误解，理解他们因能力评价标准不合理之类的问题而承受的烦恼和痛苦。西乡就是这样颇具人情味的领导。

值得注意的是，西乡并不是那种成天怨天尤人、什么都不做却总在一旁发牢骚的职场不满派。他总是站在历史的前沿，努力改变历史，包括发起讨幕运动等颇有魄力的行动。他的行动力很值得我们学习。如果片面地把他看作不满分子的赞同者或共鸣者那就错了。

他会先向不满的人表示理解，亲切地表示："你们说的也有道理，并不是无理取闹。"但他会接着说："先尽人事吧。你们还没真正尽人事呢，和我一起努力吧。"正因为西乡是这样的领导，所以大家都愿意追随他。

至于他最终参与西南战争并为鹿儿岛士族丧了命，也许可以说是他的局限。若要问：他与时代潮流之间的鸿沟真的就那么大吗？这也未必。西乡内心深处是明白自己与时代的距离的，也明白那些跟着自己的鹿儿岛士族与时代之间的鸿沟。不过，他认为中央政府抛弃这些士族的做法是不对的，应该多想想救济之策。

其实，西乡自身已经通过大村益次郎主导的东北战争和对江户彰义队的攻击，明白了日本军队应有的样子。他明白军队不能再单靠武士了，农民和一般市民甚至比武士更强大，长州奇兵队及其后培养起来的军队，已经用事实证明了国民皆兵比单靠武士更能充分发挥力量。西乡在事实面前畏缩了。既然"军人非士族不可"这一观点本来就不成立，那么那些墨守这一成规、认定仅此一条出路的人到底该如何是好？

对于这一点，当时的中央政府从未顾及，毫无温情可言。而其最高领导人正是同样来自萨摩藩的盟友大久保利通，这越发使西乡感到愤怒和悲伤："大久保，你到底在做什么？"最终西乡带领鹿儿岛的士族一起走向毁灭之路。对此，我们不能排除这样一种可能性：西乡的西南战争，是在很清楚自己与时代潮流的分歧的情况下，发挥自己最后的领导力，带着分歧更大的一伙人，把他们埋葬在历史长河中。至少我们不能简单地断定西乡丝毫没有这样的意图。

如前所述，西乡的自我磨炼之一，是在伤害中成长。正因为自己尝过伤痛的滋味，理解他人的痛楚，所以他绝不会忘记安慰他人受伤的心。他明白一味沉浸于伤痛而无法自拔，是不能推动时代前进的，自己也得不到提升。如果不吸取教训避免再次受伤，如果没有在伤痛中成长的进取心，这伤就受得没有意义，这痛也体验得没有价值。这就是西乡终其一生的自我提升、自我磨炼的方法。

第二章　天才式人脉构建

自然而然发展的人脉

笔者认为，西乡在构建人脉方面最大的特点是全心全意待人，从不吝惜自己所有。他这种倾其所有的态度常常能感动对方，使他很容易发展人脉，甚至可以说他的人脉是自然而然形成的。西乡自身有这样的魅力，萨摩的氛围也适宜发展人脉，且时代又处于幕末维新这种危机感很强的时期，所有这些都加速了西乡人脉的发展。

简单归纳西乡人脉发展的过程如下：

- 通过乡中教育建立的人脉。
- 通过学习《近思录》和《传习录》建立的人脉。
- 学以致用，组建精忠组。
- 西乡向齐彬提交意见书并得到认可，由此建立了相应的人脉。

- 西乡担任齐彬的庭方期间，尤其是被派遣到水户藩负责联络期间，得到藤田东湖①赏识，并敬拜藤田为师，进而结识其门下才俊，发展了人脉。

- 西乡奉齐彬之命为拥立一桥庆喜在京都活动，其间与清水寺僧人月照、赖三树三郎②、梁川星岩③等学者志士交好，同时也与土浦藩的公用人④大久保要⑤、熊本藩身居要职的长冈监物⑥等有深交，进一步扩充了人脉。

- 西乡因惹恼岛津久光，先后被流放奄美大岛、德之岛以及冲永良部岛。流放之身的西乡在岛民中建立了人脉。

- 西乡获得赦免后开展上方的工作，在全国志士中的声望高涨，认识不认识的人只要听到西乡的大名就心怀敬意，由此形成了超越空间的人脉。

- 元治元年九月十一日西乡与胜海舟密谈，结识了胜海舟及其在幕府内部的支持者，以及胜海舟的门生坂本龙

---

① 藤田东湖（1808—1855）：江户末期儒学者，水户藩士。在藩主德川齐昭领导下致力于藩政改革。其思想对尊王攘夷运动产生了巨大影响。

② 赖三树三郎（1825—1859）：江户末期儒学者。京都尊王攘夷运动的核心人物。在安政大狱中被杀害。

③ 梁川星岩（1789—1858）：江户后期汉诗人。与勤王志士交好，为国事奔走。

④ 公用人：江户时代，在大名、小名家中负责与幕府相关事务的官职。

⑤ 大久保要（1798—1860）：土浦藩士。1850 年作为公用人辅佐就任大阪城代的藩主土屋寅直。1859 年参与策划孝明天皇给水户藩发"戊午密敕"的活动，被监禁。1860 年死去。

⑥ 长冈监物（1813—1859）：江户末期武士，熊本藩家老。熊本藩攘夷派的核心人物。

马，并间接认识了横井小楠①。

- 讨幕时代，西乡认识了岩仓具视②及其他公卿，进而认识了各藩讨幕运动的推动者。
- 西乡下野，拿出自己全部俸禄在鹿儿岛创办私学校，大量年轻人进入该校学习，西乡由此建立了庞大的关系网。

以上按时间顺序梳理了西乡的人际交往情况，接下来稍加说明。

乡中教育是鹿儿岛特有的青少年自主人格教育，其影响至今犹存。所谓乡中教育，以区为单位（除了萨摩藩城即现在的鹿儿岛市，农村、渔村地带也划分成几个区），将孩子分成幼年和少年，由少年训练教育幼年。上午学习知识，下午练习剑术等锻炼身体。由十五六岁以上的青年当负责人，带领那些比他小的孩子。孩子严禁做坏事，犯错就要受罚，包括揍打等体罚。最严厉的是开除，其最可怕之处在于，如果小小年纪便被赶出乡中，受到村八分③的处置，那么生存都会成问题。孩子们的

---

① 横井小楠（1809—1869）：幕末思想家，开国论者，熊本藩士。幕府末期主张开国通商，为国事奔走。明治政府成立后，任制度局判事和参与，为新政府推行各项改革出谋划策。因主张开国进取而遭到保守派忌恨，于1869年遇刺身亡。

② 岩仓具视（1825—1883）：幕府末期、明治初期的政治家，公卿出身。幕末致力于推进公武合体，后来与尊王讨幕派联合，成功实现王政复古。维新后进入明治新政府，历任右大臣等要职。

③ 村八分：江户时代以后，村民对破坏村内秩序者实行的断绝一切往来的制裁。

自主教育实现了对学校教育的补充和提升，并加强了大家的团结。

西乡隆盛也不例外，他年幼时受到前辈的严格管教，长大后则严格管教后辈。他人高马大却很温和，总是将心比心地教育对方，深受孩子们敬爱。这可谓西乡始于孩提时代的人脉构建的起点。

西乡成为郡方的文书后，在农民中的人气高涨。他不收贿赂，甚至为了贫苦农民不惜顶撞自己的前辈和上司。如前所述，郡奉行迫田太次右卫门最终辞职了，他将自己所作和歌《虫儿虫儿》留给了西乡。西乡的这些轶事在农民中迅速传播。因此，西乡就任郡方文书期间，在当地农民中建立的人脉，比他和同僚或前辈之间的关系还牢固。他终生深爱泥土地的主要原因也在于此，他与农民有着难以分割的关系。

不久后，他和一些伙伴以《近思录》和《传习录》为学习内容组织讲读会。讲读会后来发展成学以致用的"精忠组"。成员有大久保利通、海江田信义、吉井友实和长沼嘉兵卫等。

当时，上任伊始的藩主岛津齐彬张贴告示，声称对藩政有任何想法都可以直接给他写意见书，西乡马上响应。此后不管齐彬是否回复（实际上不回复居多），西乡都不断地写意见书（想必齐彬对此也只好苦笑吧）。

不过，在齐彬看来，"西乡吉之助这个小伙子的意见书，虽然论旨稚嫩，但字里行间那股强烈的正义感和忠诚却是无人能及的。他的确是个纯粹的青年，回头就起用他"。

不久后齐彬把西乡叫到跟前。首先让他随行去江户参勤交代①，到江户后便任命他为庭方。所谓庭方，本质上就是间谍，这是德川八代将军吉宗（1684—1751）创设的制度，叫作庭役。在身份等级森严的当时，职位的高低决定了能否与主公对话，以西乡的身份本来是没有资格直接与齐彬对话。但作为庭方，他可以出入庭院，喂养鲤鱼、修剪花木，等等。偶遇来庭院观赏的主公，主公便可以先从"怎么样，鲤鱼还好吧"、"今年的红叶如何"等问起，由此进一步就长州藩近况、幕府近况等机密展开对话。要回答这些问题，就必须收集相应的情报。西乡的工作性质自然就与中情局（CIA）或联邦调查局（FBI）类似了。

这种工作性质不太招人喜欢，不过，齐彬把这些事情交给西乡，可见他有多么信赖西乡，西乡有多么接近最高层。接近的契机如前所述，西乡怀着一颗赤诚之心不断写意见书，即使如石沉大海般不见回复，他也不气馁。他的这种毅力以及为藩政着想的忠诚和热情打动了齐彬。

通过齐彬与江户才俊相遇

西乡逐渐成为齐彬派的中坚人物，但他当初之所以写意见

---

① 参勤交代：江户时代幕府控制大名的一种制度。要求诸大名一定期间内前往江户，住在江户宅邸，听从幕府将军安排执行政务。

书，并非出于追求功名利禄的世俗欲望。他只是单纯出于对齐彬的尊敬，而齐彬也感受到了他的心意。可以说，西乡成功建立齐彬派人脉的秘诀就在于全力以赴。

在齐彬的指示下，西乡屡屡前往水户藩重要人物藤田东湖处联络。藤田东湖不仅是水户藩的家老，也是全国尊王攘夷派志士崇拜的对象。他创作的《正气歌》也成了名副其实的畅销书，当时许多年轻人争相购买或抄写（如果放在今天大概会用复印机复印），不少人还大声唱出来，俨然满怀激情的志士。

藤田东湖心胸非常宽广，又喜好喝酒，他那里不仅汇聚了水户藩的年轻人，还吸引了各地的才俊，桥本左内①、佐久间象山（1811—1864）、吉田松阴（1830—1859）、横井小楠等也常来访。其中，佐久间象山似乎中途离弃了藤田，桥本和吉田则一直尊敬藤田东湖到最后。

藤田从西乡初次到访时起就很欣赏他。他将西乡拉到自己身边，向众人介绍说："这可是个了不起的人物。"当时的西乡对什么都心怀感激，面对藤田所言，面对藤田处到访的青年才俊所言，动辄感激地说："您说得很对，确实如此。"甚至有传言称桥本左内等人有段时间劝说西乡："你是不是太容易感动了？一般人不会听到谁的意见都感动不已。这样的话就无法交流讨论了。你应该用自己的语言把自己的想法表达出来。"

---

① 桥本左内（1834—1859）：江户末期志士，福井藩士。师从绪方洪庵学兰学和西医，努力振兴本藩洋学，得到藩主松平庆永（松平春岳）认可，参与藩政改革。因在将军继嗣问题上竭力拥立一桥庆喜，安政大狱中被斩。著有《启发录》等。

也有传言称桥本左内的姿态过于优雅，西乡认为他像女人，看不起他，不屑与他谈论国事。不久后，西乡却向他道歉说："我太轻率了。恳请兄长多多指教。"这两个迥异的版本，一个赞扬桥本，一个肯定西乡。至于听者会如何看，笔者觉得主要取决于听者站在哪一边。站在西乡这边的人会觉得后者是真的，站在桥本这边的人则会觉得前者是真的。说来，英雄相遇的故事往往都存在这样的情况。

就这样，通过齐彬的介绍，西乡新增了藤田东湖及其门生等众多崇拜者。换句话说，西乡不仅在萨摩藩，在水户藩的藤田东湖及其周围也建立起了自己的人脉。

日本社会很重视人际关系，经常有人说日本社会不是重视"做什么"（做的内容）的社会，而是重视"是谁说的"（说的主体）的社会。意思是说人们很少单纯为某件事本身而联结在一起，因为比起"做什么"这一内容，大家更重视的是它"是谁说的"，人们往往是通过说的人联结在一起的。

不是重视"做什么"的社会，而是重视"是谁说的"的社会，日本社会中人际关系的重要性于此可见一斑，其影响超乎我们的想象，有时候甚至让人始料未及。例如，如果听者不喜欢发言的人，不管事情本身有多好，都可能出现"内容确实很不错，但由你说出来，我就是不赞成"的情况。西乡和岛津久光的关系就是典型的例子。这一点时至今日也依然是日本人的怪癖之一。

可以说，这一点对西乡而言倒是值得庆幸的，因为绝大部分人的态度都是："为了西乡的话……"、"如果是西乡要做的……"西乡突出的品质之一是对人对事全力以赴，倾己所有也在所不惜，他的这种真诚总能打动对方。所以，见过西乡一面的人，往往都会成为他的崇拜者，这就是他的魅力。

拥立庆喜， 结交志士

此后不久，西乡奉齐彬之命前往京都。当时幕府内部及忧国大名中有观点认为，要应对当前国难，下任将军人选必须满足"年长、英明、人望"三个条件。这个舆论由岛津齐彬引导，有老中阿部正弘①与之呼应。这种情况在以前的德川政权中是难以想象的，因为萨摩藩作为外样大名②的代表，长期被排斥在幕府政权之外。但是，齐彬是当时在任将军的岳父（齐彬的养女笃姬③已成为第十三代将军家定的御台所④），其曾祖父重豪也相当于第十一代将军的岳父（其女茂姬嫁给了德川家齐），这些都给齐彬带来了一定的发言权。

此外，齐彬还把鹿儿岛的一角建设成曼彻斯特式的工业城

① 阿部正弘（1819—1857）：江户末期政治家，福山藩主。1843 年任老中，1845 年成为老中首席，1853 年佩里来航之际决意开国，翌年与诸国缔结友好条约。竭力推动幕政改革，协调公武关系、幕府与诸大名的关系，中途病死。
② 外样大名：与普代大名相对，指关原之战后臣服于德川氏统治体系的大名。
③ 笃姬（1836—1883）：德川幕府第十三代将军德川家定的御台所（正室）。岛津氏今和泉家当主岛津忠刚之女，被岛津齐彬收为养女，后成为公卿近卫忠熙的养女，并从近卫家嫁到将军家。作为大奥的统帅，在幕府末年的骚乱和明治维新初期，发挥了很大的斡旋作用。
④ 御台所：江户时代，专指德川幕府将军的正室。

市，盈利颇丰。虽然久光派一度担心齐彬的做法会耗尽好不容易积攒的财富，但齐彬并未重蹈重豪的覆辙。重豪所做的一切并未超越个人兴趣的层面，而齐彬则努力提高其商业价值，鼓励发展产业，使之具有现实意义。齐彬认为一味进口外国产品不算本事，出口也很重要。以玻璃为例，当时的生产技术全球当属德国第一，齐彬却生产出了能与之匹敌的产品，幕末玻璃生产技术水平之高由此可见一斑。至今矶庭园①附近仍有 1987 年重建的萨摩藩玻璃厂。齐彬不断出口这些产品，逐渐收回流出的黄金、白银和铜，希望以此增强日本国力。而这些实业又给许多技术人员带来了工作机会，用现在的话说就是创造了就业机会。

在这种背景下，由齐彬主导的呼吁下任将军应满足"年长、英明、人望"三个条件的运动，蔓延至全日本。不过，各种政治势力争夺的中心终归在京都，有必要对京都做些工作。如果能让天皇直接对德川幕府下敕旨，指出下任将军必须满足"年长、英明、人望"三个条件，那应该是最保险的。

齐彬等人呼吁的满足"年长、英明、人望"三个条件的人物，并非抽象的概念，事实上有一个具体的候选人，那就是一桥庆喜②，水户藩主德川齐昭（1800—1860）的第七个儿子。

---

① 矶庭园：萨摩藩藩主岛津氏的别墅和庭园，位于现在的鹿儿岛市吉野町。

② 一桥庆喜（1837—1913）：即德川庆喜，江户幕府第十五代将军。水户藩主德川齐昭之子，一桥家养子。在尊王攘夷派和幕政改革派的拥护下与德川庆福（德川家茂，1846—1866）争夺将军之位失败。1858 年安政大狱之际被要求蛰居。1860 年井伊直弼死后，辅佐将军家茂。1866 年就任将军，着手改革，未能挽回大局，1867 年实行大政奉还。鸟羽、伏见之战后恭顺，江户开城。

但在保守的幕府高层看来，尤其在阿部正弘死后任大老的井伊直弼看来，德川齐昭出于私心想拥立自己儿子为下任将军，而长年吃冷饭的德川家的亲族、外样大名以及一部分江户城内坐冷板凳的官僚，出于自身的考虑也参与其中，所以这个运动的动机极其不纯。

井伊尤其恼火的是，那些被称为志士的浪人和学者也参与了这一运动。在井伊看来，那些没有工作、无所事事的人根本没有资格对幕政妄加议论，更何况由谁担任德川家的将军这样的问题，纯属德川家的家务，外人妄加干预，纯属多管闲事。井伊认为，将军理所当然应由德川家的继承人兼任，而德川家继承人的人选则是德川家的家务，届时由德川家亲族及番头①共同商议决定即可。哪轮得到他们这些家伙来评论？他们凭什么多管闲事？

所以，安政大狱虽然是政治事件，实际上也带有浓厚的选谁担任德川家继承人的家族内乱的色彩。而且，井伊尤其厌恶那些被称为处士的无所事事之人多嘴。安政大狱的各种处罚中，就数对处士的处罚最重。被称为陪臣的大名家的家臣和那些自由的学者几乎都被处以死刑，可见井伊对这些人的憎恨有多深。

西乡是在京都开展准备工作的。准备工作中，西乡认识了其他拥立一桥庆喜的人，这进一步扩展了他的人脉。虽然他在京都认识的许多人后来都被杀了，但人脉并没有因此断绝。许

---

① 番头：江户幕府的官职，军事组织大番组的指挥官。

多志士继承了被杀志士的遗志，他们觉得西乡很了不起，掀起了跟随西乡的风潮。

与岛民交心

齐彬突然病逝，西乡同时失去了良师和主公。悲恸的西乡把在京都结识的清水寺僧人月照藏匿于鹿儿岛，却陷入了进退维谷的境地，二人只好相拥投身锦江湾。具有讽刺意味的是西乡被救，并被流放远岛。

旁观着这一切的，不仅有厌恶西乡、希望躲避幕府追责的久光派，还有继承已故齐彬遗志的齐彬派。后者看到西乡被流放远岛，为西乡不幸成为牺牲品而痛心流泪。尤其是近思录派即精忠组的成员，他们以拳拭泪，安慰鼓励西乡："西乡，我们一定会接你回来的。赦免很快就会下来的。"西乡则一言不发，点头回应他们后便干干脆脆地上了船。

刚到岛上时，西乡瞧不起岛上的人。他在给大久保及其他朋友的信中称岛民为毛唐，即外国人。当时鹿儿岛本藩的武士都对岛民抱有这种歧视，西乡也不例外，起初也自大地称岛民为毛唐。

不过，后来正是被西乡称为毛唐的岛民改变了他的这种错误认识。特别是身为岛役人①、对岛民怀着深厚感情的木场传

① 岛役人：萨摩藩统治奄美诸岛的基层官吏，一般由当地有实力的农民担任。

内（1817—1891），以及岛上的实力人物龙左民等，在促使西乡改变认识上起了很大作用。龙左民多次前往西乡处，问西乡有无不便之处，还表示乐意为西乡做任何事情。但是，西乡怀疑龙左民故意跟他套近乎，以图让他向鹿儿岛传达当地民声。所以，起初的一段时间里，西乡保持戒备状态，孤独一人。

流放奄美大岛期间，西乡并未被视作有罪之人，每年有六石俸禄，他没有什么特别的支出，所以勉强也够生活。虽然龙左民非常热心积极，多次拜托西乡，希望西乡给当地孩子教授学问，但西乡一直拒不答应。

不过，岛上的孩子天真无邪，他们经常跑到西乡那里。他们难得一睹鹿儿岛本土人的日常生活，对西乡的一举一动都感到新鲜有趣。他们手牵着手在西乡的院子里围观，时而模仿西乡，时而哈哈大笑。这让生性温和的西乡开始卸下戒备。他想，即使大人居心不良，孩子们也是无辜的，他们就像天使一样。于是，有一天，西乡招呼孩子们到自己身边，把鹿儿岛寄来的点心分给他们。孩子们吃得非常开心。

这件事在村里传开了。龙左民再次来到西乡处，拜托道："听说您分了点心给孩子们，真是太感谢了。能不能恳请您给孩子们教点学问呢？"见龙左民说得那么诚恳，西乡开始相信他是真心实意的。如果另有企图，不可能只请求教孩子学问，而完全不提向藩里转达他们的心声。那么他说的有什么困难就找他，应该也是真心的。于是，西乡放下戒备，开办私塾，教孩子们学问。

接着，村民开始给西乡送鱼和蔬菜等，感谢西乡教孩子学问。西乡愉快地接受了，并用鹿儿岛寄来的东西答谢他们。就这样，西乡与岛民开始了温暖的交流，而居中斡旋的正是木场传内和龙左民。

他们两人由衷敬重西乡。不知他们此前是否听说过有关西乡的传闻，但他们第一眼看到西乡便认定他是个真诚的人，他们认为西乡就是因为太诚实才吃苦头的：强忍着伤痛，独自承担责任，流放远岛。岛上的人从未见过如西乡这般气宇不凡的鹿儿岛人。他们此前看到的净是些巧取豪夺黑砂糖的冷酷无情的官吏，对他们而言，西乡实属罕见，堪比神佛。

慢慢地西乡的心境也发生了变化。他反省自己此前只顾着远方，从未认真看待周围，忽视了脚下。西乡想起自己以前在郡方的时候非常关心当地农民的生活，也想起曾经因为寄宿处老爹的牛被征税的人抢走而气愤不已，在郡方的官衙大骂了一场。他严厉批评自己："我什么时候开始丧失曾经的热情的？竟然还称照顾自己的岛民为毛唐，这是什么事儿？"西乡开始改变自己的态度，决心认真观察岛民的实际生活情况，如果发现问题，就让鹿儿岛的藩政府改正。他意识到应该从小事做起，一点一点积少成多。这是西乡从在岛上新建的人际关系，尤其是从与龙左民的关系中学到的。

不久后由龙左民做媒，西乡娶了岛上一个名叫爱加那的姑娘为妻。"加那"是对女性的昵称，"爱加那"就相当于"爱爱"或"小爱"。后来，他们生下长子，取名菊次郎（后来成为第一任京都市长）。由于当时不允许岛上的女子登上鹿儿岛本土，不久后两人就不得不分离。至此，西乡已经完全融入了岛上的生活，就连名字也不再用"菊池源吾"了。"菊池"是西乡先祖的姓，西乡家是肥后菊池氏的后裔。西乡以此为荣，一度改姓"菊池"。这次他却改名为"大岛三右卫门"。"大岛"当然是指奄美大岛，可见他真的把奄美大岛视为自己的第二故乡。他在这里的人际关系可以概括为：一无所有的西乡与囿于有限空间无处可逃的岛民。

体悟人际交往

鹿儿岛本土方面，精忠组年轻人的奔走为西乡争取到了久光的赦免。但是，西乡无视久光命令离开马关前往京都再次惹怒久光，遂被流放德之岛，后来又改为流放冲永良部岛。其来龙去脉请参阅前文。流放冲永良部岛期间西乡被明确地视为有罪之人，俸禄自然也没了。也许在久光眼中西乡这样的人就该去死。事实上，一旦流放这座岛就没有赦免的希望了。就连西乡自己也死心了，在仅六平方米的猪圈般的草葺屋顶牢房中，他呆坐着任凭风吹日晒，等着被饿死。

岛役人土持政照（1834—1902）担心西乡，给他补充营养，把牢房改建在自己家中，并加上门窗。土持也是西乡忠实的崇拜者，这是西乡不幸中的大幸。如果没有土持，西乡很可能真的就那么死了。说来在当时的情况下，自费修建牢房，而且加了藩政府禁止的门窗，这是对最高命令的违抗，土持自身也要承担很大责任。他却自愿这么做，足见他对西乡的尊敬。西乡也确实被土持的真诚打动了。不仅对土持如此，这次流放冲永良部岛，西乡从一开始便像奄美大岛流放后期那样，积极融入当地岛民之中。

西乡在冲永良部岛邂逅了一本书——细井平洲（1728—1801）的《嘤鸣馆遗草》。这本书被上杉鹰山（1751—1822）等著名的改革家奉为教科书，其主题只有一个："治者，民之父母也。"它令西乡眼前一亮，首先想到："我也要努力做岛民的父母。"于是，他开始在冲永良部岛建立新人脉"西乡组"。可以说，这是一张去除了功利心、基于人与人之间的真诚交往的人际关系网。

口碑相传进一步扩展人脉

所谓人脉，绝不仅指肉眼可见的人群，还包括无形的人脉。例如某人因他人对自己的好感、好评而获得无形的人脉，这往往是当事人自身所意识不到的，西乡就是一个例子。负责看守西乡的土持政照被西乡毫无怨言端然而坐的姿态打动，并将西乡的事迹告诉大家。大家对西乡的评价越来越高，人们津津乐道西乡不降志屈节，任何境遇下都能坚守自我，称赞他非常了不起。这些传闻传遍了全岛，继而传到了鹿儿岛本土。精忠组成员听得热泪盈眶，鹿儿岛本土民众对西乡的评价也越来越高。

后来，有关西乡幽禁远岛的情况的传闻从九州传到了上方。许多志士甚至声称，如果西乡不能从岛上回来，他们的活动就少了主心骨。可以说，远在冲永良部岛的西乡没动一根手指，便成了这种组织的实际领导者。

这就是舆论，是肉眼所看不见的，而且是由看不见的人们发动的。发动舆论的这些人，甚至从未见过西乡，只因听到西乡的传闻便心生崇拜之情。这样的崇拜、信念不断汇聚，并形成舆论，使西乡的形象变得高大。从这个意义上说，谪居南岛未必是西乡的不幸。这一时期西乡人脉发展远远超出了冲永良部岛，鹿儿岛自不必说，甚至全国范围内西乡的声誉都日渐高涨。这种无形的人脉像一张不断扩展的大网。

此外，幸运的是他还通过木场传内不断获知鹿儿岛甚至上方的动向。木场就像一根天线或一个中转站，收集鹿儿岛上各色人等的信息，并发送给西乡。因此，虽然西乡在岛上生活数年，但并非不了解时代动向，大部分的新闻他都知道。据说，井伊直弼被杀后，他开心得使劲用木刀砍树，宛如在砍井伊。

大久保利通的友情让西乡得以回归

再来看看留在鹿儿岛的大久保利通。他以自己一流的处世之道接近新的当权势力（岛津久光派）。他的想法是"不入虎穴，焉得虎子"。因为齐彬已经死了，要想在新政权下存活，反抗久光不仅无济于事，弄不好还可能被肃清。他认识到权力这东西不可无视，不进入权力中心，就做不了自己想做的事情。

大久保听说久光喜好围棋，便开始练习围棋，并通过围棋接近久光。久光觉得这个年轻人很有趣便起用了大久保，大久保于是开始展示自己所属的精忠组的威力，有时甚至向久光泄露精忠组的危险计划。大久保抛出的鱼饵逐渐见效，他终于被提拔到可以让随从带刀登城的身份了。同样擅长谋略的岛津久光看到大久保有意无意显露的实力，认识到他是个不得了的家伙，其背后的精忠组更不容忽视。

精忠组逐渐壮大，其实力不容小觑，而全体成员热烈拥护的正是缺席的指导者西乡，这令久光极为恼火。而大久保在与久光的接触中，总是很巧妙地提出精忠组的主张——早日释放西乡。

大久保认为，岛津久光并不是那么愚笨的人，也想沿着其兄齐彬的路线前进，即率大军上京都，压制京都，讨得敕旨，在幕政改革和人事异动方面，向德川幕府提出强有力的意见。对无位无冠的岛津久光而言，这无疑是名扬天下的最好途径。

在谋略家大久保看来这的确是绝妙之策，尤其是久光能继承其兄的方针，这绝对是可喜可贺之事，因此大久保再三劝说精忠组的伙伴。但是，精忠组其他成员并不信服，甚至有人攻击说："大久保被久光公忽悠了！大久保利用围棋接近久光公，现在受到器重，其实就是在忽悠我们呀。"虽然大久保耐心地反复向每个组员说明："不是的，久光公不会是那样的人。"但却难以消除大家的疑虑。

说个题外话，大久保的这种做法本质上也是结构重组。他深知不管精忠组多么强大，主张多么正确，仅靠精忠组单打独斗是成不了事的，反而会招致久光派的反感，进而被镇压，弄不好就会被流放远岛。如果这样重蹈西乡的覆辙就不妙了，所以还是应该慢慢渗透进政权中枢，想办法把它改造成供自己自由行动的据点。所以，大久保不焦不躁、不慌不忙。他很清楚不管怎样，如果不召回西乡，自己一个人什么事也做不了。这就是大久保的厉害之处。

笔者认为，大久保也绝不可能死心塌地地对西乡，他的友情是带着精明打算的。大久保的厉害之处在于，他明白既然周围人和舆论都需要西乡，那还是顺从这种趋向为好。可以说，大久保从骨子里都透着经营者、政治家的精明，他懂得自我控制。他执著地再三请求久光，终于成功地让西乡获得释放。

38 岁初次上阵——"禁门之变"

元治元年（1864）二月，迫于大家的呼声，久光也不得不同意赦免西乡，西乡终于结束流放。回到鹿儿岛后，西乡被委任更高的职务——去京都担任萨摩藩的军赋役（军事司令官）兼诸藩接待员，军赋役即常驻京都的萨摩藩军的指挥。

同年七月，禁门之变（蛤御门之变）① 中，西乡指挥萨摩藩的骄傲——洋枪队，击退了逼近蛤御门的长州兵，协助据守堺町御门苦战的会津、桑名藩兵，立下大功。这是 38 岁的西乡初次上阵，突然出现的大汉形象把长州军吓了一跳。萨摩藩拥有非常厉害的西乡隆盛的传闻甚至传遍了整个京都。从常驻京都的大名到他们的藩士，从志士到公武合体的大名和重要官员，一时间无人不知西乡。

当时，因击退长州军而名声大振的西乡正为公武合体派奔走。长州藩则因闯入禁门犯下重罪，在位的孝明天皇（1831—1867）盛怒之下发布敕令："毛利大膳大夫② 乃暴臣。与其同伙的三条实美③ 等公卿亦罪不可赦，剥夺他们的官位，征讨他们。"禁门之变成了征长的绝好借口，于是第一次长州征伐军组编而成，西乡担任征长军总督的参谋。至此西乡名副其实地成了公武合体派的巨头。

公武合体派中有一半是亲幕派。他们希望朝廷和幕府和睦相处，团结一致应对国难，并没有打倒幕府的想法。他们虽然是为朝廷效力，但同时也是为幕府好。当时西乡和萨摩藩的立

---

① 禁门之变（蛤御门之变）：1864 年长州藩兵与幕府在京都御所附近发生的激烈战斗。事件的始末请参考本书"第三章如何撼动大山"之"顺应时代潮流变身战略家"。

② 毛利大膳大夫：毛利敬亲（1819—1871），长州藩藩主。起初主张公武合体，后来在长州尊王攘夷派的要求下确定尊王攘夷方针。萨长联盟中成为讨幕的核心。明治维新后，奉还版籍。

③ 三条实美（1837—1891）：幕府末期、明治前期的公卿、宫廷政治家。朝廷内部尊王攘夷派运动的指导者，维新后任太政大臣，实行内阁制后任内阁总理大臣。

场也是如此。

对胜海舟的共和政府论产生共鸣

元治元年（1864）九月十一日，西乡会见了幕府方面的胜海舟，中间人是坂本龙马。可以说，西乡这次在反对派中找到了突破口或据点，这使他的人脉进一步扩展。

坂本是这样向胜海舟汇报与西乡会面的印象的："西乡此人深不可测。宛如看不出大小的鼓，重敲重响，轻敲轻响。"

当然，胜海舟也有自己的西乡观："时至今日，我只见过两个可怕的人。一个是西乡吉之助，另一个是横井小楠。如果西乡吉之助践行横井小楠所想之事，日本将不得了。"

结果，胜海舟言中了，横井和西乡做了与此相近的事：横井是大政奉还；西乡则是倒幕王政复古。

西乡在这个时候会见胜海舟，是想了解幕府到底有多想教训长州。如果幕府方面并不积极，自己卷入其中也没意思。西乡经历过太多被人过河拆桥的事情，自己拼命往前冲，回头一看，后面没有一个人跟上来。有过太多这样的人生经历后，西乡不想再把精力浪费在这么愚蠢的事情上，所以想向胜海舟打听打听对方的实情。

胜海舟的话却让西乡始料未及，他的大意是："教训长州藩就算了吧，还不如打倒德川幕府。你们这些有实力的强藩站出来，在日本建立美国那样的共和政府吧。德川幕府已经彻底腐朽，无可救药了。"

会面当天胜海舟便泄露了如此重大的机密，令西乡大吃一惊：这个幕臣到底在说什么呀？虽然被免职了，但他以前毕竟是军舰奉行兼神户海军操练所的第一把手，用现在的话说就是担任过国立海军大学的校长，身处幕府中枢，这样一个幕府内部的人竟然揭发幕府，到底是怎么想的？西乡简直要怀疑自己的耳朵了。

不过，善于看清时代潮流的西乡马上对胜海舟的提议产生了兴趣。胜海舟认为有实力的大名应该联合起来，迫使德川将军也成为一介大名，以大名会议议长的身份，运营德川幕府。要解散德川幕府，建立新的共和政体，不正需要萨摩藩和长州藩担任主力吗？如果现在教训长州藩，将严重削弱日本国力，这样蠢的事情还是赶紧收手。

西乡有如醍醐灌顶，感叹自己对事情的看法局限于萨摩藩这口小井。已故主公岛津齐彬以前总是不厌其烦地对西乡说："西乡啊，你快成长起来，看看大洋的彼岸。好好考虑该如何让日本屹立于国际社会之中。"西乡觉得胜海舟的建议与岛津齐彬的主张并无二致，便接受了。

这也并不奇怪。岛津齐彬和胜海舟是长年的知己。岛津齐彬年轻时就知道胜海舟了。胜海舟在长崎的海军传习所时，齐彬还特别邀请他到鹿儿岛。而且，胜海舟乘船进入鹿儿岛湾时，齐彬还亲自骑马迎接他。七十七万石的太守①亲自迎接当时不

①　太守：国主大名，一国的领主。

过是德川家普通直参①的胜海舟，足见岛津齐彬对胜海舟的欣赏。西乡了解他们两人的关系，自然容易接受胜海舟的话。

胜海舟几年前去过美国，亲眼见过共和政府的实际情况。据说，胜海舟从美国回来时，江户城的高官们问他："你在那儿看到了什么特别的东西吗?"胜海舟回答说："确实看到了。在美国，一些重要的官职没有世袭制，无论大总统还是别的高官，都由全国民众投票产生，而且任期4年，一般民众也不关心大总统的子孙现在在做什么。绝不像日本这样，不论多傻多笨，只要出身好，就可以世袭高位。"众高官大怒，大骂"这个无礼之徒"。不过，他们早已没有命令这个无礼之徒切腹自杀的实力了。

使他人的启发更有价值

元治元年（1864）九月十一日夜晚西乡与胜海舟密谈时，究竟是否完全理解胜海舟所言，我们不得而知。西乡一生中受到过很多人的影响，而且，他和坂本龙马一样，不富于开创性，不善于通过自己的思考提出全新的理念和方法。不过，他们能把别人的启发当作自己的东西加以消化吸收，而且重新向外输出时，他们能添加自己的附加价值。

现在的职员中也不乏这样的人。虽然单凭自己的力量做不

---

① 直参：将军直属家臣之意，江户时代的旗本和御家人，石高不满一万石。

出什么，但工作中他们善于从别人身上得到启发，并加以扩充，进而摸索出新方法。这并不是他们能力不足，更不是什么可耻的事情。有时候言者本人没有能力进一步发展，只能抱着金碗挨饿。当然，不排除有些开明的人，以抛砖引玉的心态告知他人，希望对方能进一步发展。不过，言者无意识中说出的情况居多。

胜海舟面见西乡时，无疑持有自己的政治构想。他一直因身份较低而多有苦楚，面见当时也正处于苦恼之中。

神户的海军操练所，实际上也是胜海舟直诉十四代将军德川家茂后，才获得许可而建立的。为此，众老中的脸色都很难看，他们怪胜海舟不搞清楚自己的身份，越过江户幕府的正规组织而直接向将军直诉，于是故意刁难胜海舟：虽则神户海军操练所的设立已经获得许可，但幕府财政如此拮据，仅有这点儿钱，哪有余钱修建操练所？要建你就自己筹措去吧。胜海舟于是赌气不靠幕府财政。

胜海舟也确实有筹措资金的能力。他先向越前的大名松平春岳（1828—1890）借款，接着又向一些豪商求助，包括他年轻时认识的函馆的豪商涩田利右卫门、和歌山汤浅的豪商浜口梧陵（以前日本小学教科书中"稻草垛"的故事里出现过）、滩的豪商嘉纳治郎右卫门（他是建立日本柔道界基础的嘉纳治五郎的亲戚，通过浜口的介绍赞助了资金）。他们同为胜海舟的崇拜者，相互之间也组成了一张关系网。用现在的话说，他们是胜海舟的赞助商，为神户海军操练所的运营出了很多资金。神户海军操练所虽然相当于现在的国立海军大学，但资金来源却全靠大名松平春岳和众豪商，其运营自然相当自由宽松。

操练所的生源原则上仅限幕府家臣的子弟或大名家臣的子弟，而胜海舟却招收了包括坂本龙马在内的许多浪人，这些浪人中甚至还夹杂着商人的孩子。如果按平常的手续，这些人根本不可能录取，胜海舟之所以敢招收他们，是因为幕府只给了办学许可，运营经费则全由他自己筹措，所以他有底气。

与西乡会面时，胜海舟正身陷危机之中，他不知道如果回江户城，会不会被要求切腹自杀。因为他运营的神户海军操练所有两个学生串通反叛军。而且这两个学生，一个在池田屋事件中支持尊王攘夷过激派，另一个参加了长州藩进军京都御所的活动。幕府老中们趁此求之不得的机会下令关闭海军操练所。胜海舟仿佛看到他们喜不自禁如猫舐舌般阴险地说："你也快回江户吧，各种好果子等着你呢。"处于如此境遇之中的胜海舟，见到长州征伐军总督的参谋西乡，便将自己的心里话说了出来。

不过，毕竟时间短暂。人们往往越想在短时间内把心里话说出来，越不容易说清楚。而西乡隆盛又有多少信息储备来理解当时的事态呢？他才刚刚离开南陲的小岛，在京都安顿下来。不管木场传内多么尽力为他搜集信息，他接触到的说到底也只能算耳闻的传言、目见的纸上信息，缺少实际的生活体验。这之间难免会产生偏差。至于西乡是如何克服这种偏差的，我们也只能猜测。

不管怎么说，胜海舟的一席肺腑之言令西乡顿悟，意识到与其狠狠教训长州藩一顿，不如卖个人情，从宽处理，将来与长州联手，着手组建胜海舟所说的共和政府。这时的西乡无疑产生了解散幕府并加以重组的想法。他一定相信：终于轮到萨摩藩登场了。

共和政府的构想绝不限于胜海舟个人的想法，当时不少人都有类似的想法。例如，幕臣永井尚志、大久保一翁，以及已故的开明派老中阿部正弘起用的一些人。他们看清了攘夷派逐渐转向倒幕的大趋势。以长州藩为首的攘夷派屡次紧逼幕府攘夷，与其说是真心想要赶走外国，不如说是想借此把幕府逼入困境。

立于政治改革的风口浪尖

当时引领长州攘夷派的是高杉晋作（1839—1867）。高杉去过上海，目睹了清朝的惨况。看到鸦片战争后以英国为首的列强把中国的一角变成了租界，高杉晋作激愤不已：这些列强还有没有公道？这些中国人又是怎么回事？任由列强侵略自己国家，还给外国人当奴隶？高杉晋作决心不让日本步清朝的后尘，这同时也是他那些目睹了别国情况的伙伴的想法。

这与横井小楠的思想相近。横井小楠强调说："以英国为首的列强不讲道，真正讲道的是诞生了孔孟的中国。现在中国由于失去了道而被外国侵略，全世界只剩日本还有道，所以日本必须把这种道的精神发扬光大。不过，我们也不能因此一味地攘夷，应该合理地开国，引进外国的科学知识，并进一步提升我们的精神，以东亚领袖的姿态，防范欧洲诸国的侵略。"

横井小楠的这种主张同时也是桥本左内和吉田松阴的主张，当然，佐久间象山、胜海舟等也一样，坂本龙马更是站到了前端。而且，赞同这种想法的绝不仅限于幕府之外的人，幕府内部也大有人在。那些被井伊直弼肃清的阿部派年轻官员就属于此类，例如，岩濑忠震、川路圣谟、永井尚志和大久保一翁等。

元治元年（1864）九月十一日以后，西乡隆盛也超越空间限制在事实上加入了这个阵营。从这天起，西乡隆盛的人脉得到进一步扩充。

这种观点逐渐在德川幕府内部传播。实践胜海舟的主张就是实践那些赞同他的开明人士的主张。胜海舟恰如其分地说过："时至今日，我只见过两个可怕的人。一个是西乡吉之助，另一个是横井小楠。如果西乡吉之助践行横井小楠所想之事，日本将不得了。"这个说法相当微妙。之所以说微妙，是因为胜海舟自身肯定希望西乡践行横井小楠的主张。

因此，这里所说的横井实际上就是胜海舟本人。他向西乡暗示：西乡啊，践行我的主张吧！心性好强的胜海舟一定对西乡满怀期待：如果能建立美国那样的共和政府，那些空怀才能却因身份低微而被埋没在民间的英才就有了用武之地。请务必争取建立这样一个环境。这也算是帮我。

对于神户海军操练所被毁，自己也被召回江户，胜海舟想不通，觉得不合理，但又无法抵抗这种不合理。胜海舟很清楚，除了依靠更强大的力量把它击垮之外别无他法。而能做到这一点的，不是别人，正是西乡。胜海舟看人的眼光很准。西乡并非理论家，而是很有实力的执行者。而且，他不仅自身有实力，更有广泛的支持者，拥有胜海舟所不具备的人望。胜海舟也一定惊叹从未见过像西乡这样广受尊敬和爱戴的人。

虽然西乡在江户幕府的开明派中拥有如此深广的人脉，但他最终选择的是自己的路，而不是听从他人。

实现这种主张的是大政奉还。但是，不到两个月的时间，西乡便通过谋略和游击活动，彻底"否决"了这条路线。因为无论是大政奉还派，还是京都朝廷内部，都还有不少人倾向把德川庆喜推为大名会议的议长，让他行使既得的权力。西乡隆盛判断，不通过中冈慎太郎（1838—1867）等主张的流血的政治改革，日本人根深蒂固的意识是不可能改变的。

于是，西乡向江户派出名为御用党的团伙，让他们开展游击活动。这些人甚至抢劫、杀人，有事就逃到萨摩藩邸。受挑衅的幕府军（庄内藩兵）和法国将校布吕格尔等一起，对位于三田的萨摩藩邸发动攻击。集结于大阪城的幕府军听闻这一消息群情激愤，讨伐萨摩的呼声高涨，数万幕府军开始从大阪城进军京都。这就是鸟羽伏见战争的导火索。得到情报后，西乡手舞足蹈地说"吾事已成"。西乡的谋略于此可见一斑。

西乡之所以想到这样的策略，是因为他意识到单靠自己的力量成不了事。而使他意识到这一点的，正是他从京都迅速扩展的人脉中学到的知识和对于急剧变化的时代的应对之道。

竭 尽 全 力

对西乡隆盛的为人处世稍加分析，就会发现他并不是靠讲道理吸引人心的。

例如《西乡南洲遗训》，这本书收集了不少他生前所说的话。戊辰战争时，庄内藩士多亏了西乡的主张才得以从宽发落，他们感动于西乡的气量，由衷敬佩西乡。西乡下野后，他们来到鹿儿岛找西乡。在与西乡一起耕田种地的过程中，他们认真倾听并记录了西乡的话语，结集成《西乡南洲遗训》。里面记录的都是一些比较平常的事情，鲜有人能从中读出西乡的哲学深度或思想深度。反倒是巷间流传的逸事比较能反映西乡的人品性格。当然，这毕竟是武士记录的，未必如实传达出了西乡的本意。这与人际交流中信息传递的复杂性有关。

此外还有很多事例也表明西乡的确不属于以理论引导人的类型。很多人是感动于他毫不吝惜自己的一切，竭尽全力积极为社会作贡献。这种感动具体说来，并非知性的、理性的，而是感性的，带着情绪的。可以说，西乡在感动人心方面实属罕见的高手，但他绝不是靠讲道理吸引人心的。那些一直追随西乡到最后的人，基本不属于理性派，他们大多是带着"人生感意气，功名谁复论"的态度，为西乡赴汤蹈火在所不辞。

例如，西南战争的最后，在城山上围在西乡周围一同死去的那些人，诸如桐野利秋（中村半次郎，1839—1877）、别府晋介（1847—1877）、村田新八等。他们是明治政府军队的军官，却让人不得不怀疑他们到底具备多少与官职相当的才智？有些人应该是靠幕末的战绩以及西乡派这一派阀关系而升迁至高位的，至于能力是否与职位相符就不得而知了。

从这个意义上讲，一直追随西乡隆盛到最后的人属于感性派，而非理性派。而理性派，包括西乡隆盛的弟弟西乡从道（1843—1902）、大久保利通、山县有朋（1838—1922）等在内，都离西乡而去，举全军之力把西乡围困于城山。至于为什么那么多人不再追随曾经那么尊敬的西乡，则另当别论。不过，尽管西乡人格魅力出众，这些人也并没有追随他到最后，由此可见西乡的局限性。

说来，明治维新后西乡人际关系的构建方式似乎也有问题。这一时期的西乡大概已经跟不上瞬息万变的时代了。这时他想要以"敬天爱人"即尽人事、听天命的态度来应对，是行不通的。当他说出"希望派我去朝鲜。朝鲜肯定会把我杀了，那你们就起兵"这样的话时，也许是意识到了自身的局限性的，他也许是带着悲壮的心情在寻找自己的葬身之所。

如果他确实抱着这种心态，那就意味着他当时已经认输了。不再是积极向前的姿态，而是回顾过去，以过去的荣光为盾牌，带着这一切玉碎的求死心态。这是保守的，绝不是建设性、生产性的。与之相反，明治是一个生产再生产、建设再建设的时代，不允许人一味沉浸在过去的回忆中。这无疑是当时的时代潮流，至于对错与否则另当别论。曾经走在时代潮流前端的西乡，到了这个时期却看不懂时代，更不懂应对之术。西乡大概就是在这样的困惑中决定下野的吧。

最具日本式领导力的人

西乡人生最后阶段的人际交往以过去交往的人为核心，可以说是向后看的保守的人际关系。这么说有点对不起桐野利秋、别府晋介和村田新八等西乡的崇拜者，但西乡这一时期的人际交往确实呈现这种倾向。若非这样，西南战争开始时，他就不会夸张或自大地说要向政府讨个说法了。这就等于亲自否定了自己好不容易构建起来的明治新政府。更何况当时他已经放弃政府职位下野，成了一介平民。听到要向政府讨个说法这样的话，可能不少此前非常敬仰西乡的人都不禁会皱眉，奇怪西乡怎么回事。

不过，时至今日西乡的人气依旧很旺，这说明他建立的超越时空的人脉仍然存在。这并不是简单的粉丝俱乐部，人们是真心想要学习西乡，遇事会想一想换作西乡会如何渡过危机。这说明西乡身上确实有能给人带来启发的东西。也就是说，西乡依然"重敲重响，轻敲轻响"，总能作出与对方器量和力量大小相应的回应，这是他非常了不起之处。

敬爱西乡的人可以从自己的角度出发凝视西乡，学习自己所需之处。可以说，西乡经得起 360 度全方位观察，同时，也有 360 度全方位回应的能力。从这个意义上说，那些敬爱西乡的现代人也可以看作他人脉中的一员。

不过，当问到"你想从西乡身上学习什么"时，估计很少有人能清楚地用管理学或经营学的理论回答。大家往往觉得很难用三言两语说清楚，而这种很难说清楚的地方恰恰是关键。它与日本人的美德有关，有时候是重人情近乎不合逻辑的心理状态，例如，公休日上班也不要加班费，讲义气、为了某个人赴汤蹈火在所不辞等等。也许可以说，这种重人情的方面正是日本式经营的优势。但几乎没有外国评论家从这个角度切入并加以分析。

日本式经营中有些特别之处，是无法简单地从终身雇用、论资排辈、丸抱录用、以和为贵、下呈上的禀议制度、神舆式经营、集团责任体制、职员参与公司经营、全面周到的福利等方面来分析的。这些特别之处蕴涵着日本式领导力的无限潜力。西乡隆盛则是将这种领导力发挥得淋漓尽致的典型，而他发挥这种领导力靠的就是人脉。纵观日本历史，可以说在这种天才式人脉构建方式上，西乡称第二，没人敢称第一。

第三章　如何撼动大山

逐步推进的倒幕

武田信玄（1521—1573）有句名言叫"不动如山"，截取自武田家族旗帜上的文字。该旗帜俗称"风林火山"，因为上面写着"其疾如风，其徐如林，侵掠如火，不动如山"。这句话引自中国古代兵书《孙子》，表达了冷静且善于决断的作战理想。

"不动如山"是对"风林火山"中的"山"的解说。日本人自古习惯把不动的东西比作山。西乡等人眼中的"山"无疑是执政近270年的德川幕府，但西乡却撼动并推翻了大家都认为稳如大山的德川幕府。当然，倒幕并非以西乡一人之力实现的。但是可以说，离开了西乡，就不可能出现从倒幕运动到王政复古的历史大变革。甚至可以说，离开了西乡，就不可能实现明治维新。

撼动大山绝非一朝一夕之事，西乡隆盛也并非偶然发挥出超常力量撼动大山的。他长年不懈地做了大量准备工作，还努力培养能对大山撒网、拉拽的人才。而且，为了让大山更容易撼动，他刨其根底，凿去岩石，断除碍事的大树根，并联合多方力量拉拽大网。最后终于推倒了德川幕府这座近 270 年纹丝不动、缠满青苔的大山。

值得注意的是，西乡并非一开始就想直接推翻德川幕府，他撼动这座大山的过程可以分成好几个阶段。起初他考虑的是结构性改革，即改良幕府。曾经有一段时间他主张公武合体，即保留大山主体，只砍除其中不好的部分，并与朝廷联合，公（京都朝廷）和武（江户幕府）携手改革大山的结构。虽说是结构性改革，但起初的联合方式中，对现存的东西姑息的态度占主流，双方都不承认自身有问题。可以说，这种联合是一种日偏食式的部分联合，而非日全食式的完全融合。

当时为促进这种联合还采取了皇妹下嫁的做法，即孝明天皇之妹和宫（1846—1877）下嫁第十四代将军德川家茂。作为条件，德川幕府必须就落实当时舆论呼吁的攘夷的时间向孝明天皇立誓，将军还必须随同天皇到贺茂神社和男山八幡宫等参拜，发誓攘夷。男山八幡宫之行，家茂以生病为由并未前往。不过，供奉贺茂神社已经极大削弱了德川将军和幕府的权威。

当时，沿途都是围观的人山人海，其中不乏被称为志士的浪人。群众中有人高呼"嘿，征夷大将军"，这当然带着嘲笑之意。此人就是高杉晋作。不过，当时的德川幕府已经没有什么实力了，即使被这般嘲笑，也无暇理会。幕府权威的丧失于此可见一斑。

这一时期，西乡隆盛尚未登上舞台。他得到赦免并从冲永良部岛回来是元治元年（1864）二月二十八日。他与留在岛上的家人告别后，于三月十四日带着村田新八到达京都，十八日与岛津久光会面后，马上被任命为军赋役，由此正式登上历史舞台。

顺应时代潮流变身战略家

西乡真正开始在京都活动，是元治元年（1864）六月五日的池田屋事件以及其后的禁门之变之后的事情。池田屋事件中，聚集于京都三条木屋町的池田屋的尊王攘夷派志士，遭到新撰组[①]袭击，死伤多人。长州的吉田稔麿（1841—1864）和肥后的宫部鼎藏（1820—1864）等人都牺牲了。那么，西乡当时是如何看待池田屋事件的呢？他一定密切关注着突然出现在京都的新撰组，并预感到事情不会就此结束。

不出所料，长州军大举进军京都。此前一年长州藩因八一八政变而被逐出京都。长州藩请愿解除这一惩罚，他们坚称长州绝非逆贼，对天皇也极尽尊皇之能事，只是代表舆论实行攘夷而已，却因会津藩和萨摩藩的阴谋而被罢免禁门警护之职，

---

① 新撰组：幕府末期亲幕府的浪人武装团体。成立初期得到时任京都守护职的松平容保支持，负责维持京都治安，对付反幕府人士。1864 年的池田屋事件中重创了尊王攘夷派。1868 年鸟羽伏见之战中战败被解散。

并被逐出京都。对此，他们心有不甘，主张长州藩勤王精神可嘉，应酌情恢复御所警卫之职。

所谓请愿，理应和平表达恭顺之意，而长州却全副武装，扛着枪，拉着大炮，甚至对加强御所大门防卫的会津、萨摩等亲幕诸藩开炮。这样的行为被认为不只是针对亲幕诸藩，也是针对京都御所。而且由此还引发了火灾，大火持续了三天，把京都烧了大半，带来的损失之巨大，直到明治时期都未完全恢复。

昔日挥金如土地开展公关的长州藩，曾经趾高气昂地走在祇园、木屋町、先斗町一带的长州藩，就此威势扫地。幕府组建长州征伐军，起用西乡为征长军总督的参谋。详情请参见前文，此处不再赘述。

从这时起西乡对时代的把握展示出充分的战略高度。这与此前的西乡迥然而异。此前西乡怀着尽人事、听天命的态度，耿直得不知变通；此后则自如地驾驭战略战术。

把见不得光的事情交给半官半民组织

这一时期西乡不仅充分发挥萨摩藩的作用，还灵活利用坂本龙马的龟山社中和海援队等半官半民组织。关于西乡转变的契机，前文也已提及，那就是元治元年（1864）九月十一日他与幕臣胜海舟的密会。当时，胜海舟主导的神户海军操练所被关闭，他本人也被召回江户。可以说，这次密会胜海舟泄露了德川幕府的最高机密。西乡了解到德川幕府的实情后欣喜若狂，他一定意识到萨摩藩将掌握日本政局的主导权，并相信其中坚力量就是自己曾置身其中的精忠组。

西乡他们掌握了权力斗争的主导权，实现岛津齐彬遗志的时机终于到来。大久保利通当初通过围棋接近岛津久光，渗入权力内部，做自己想做的事情。与大久保如此费尽心思曲线救国不同，西乡不管被流放远岛多少次都耿直不屈。长年的抱节守志使西乡逐渐吸引了越来越多的崇拜者，不认识的人也亲切地尊称他为"西乡公"，甚至连京都也洋溢着这种氛围。这大概就是德川幕府认识到西乡不容忽视，并任命他为长州征伐军总督参谋的原因。

相对于西乡到此为止的志士性质的活动，此次担任征长军总督参谋是一个很大的转变。说得难听点就是近乎背叛行为，因为这是以尊王攘夷派的领头、志士的后援长州藩为敌。而在此之前，西乡他们的行动不仅不以长州藩为敌，在某些方面双方甚至有交集，现在则彻底分道扬镳了。对此，高杉晋作等人愤恨不已，他们在木屐底写上"萨贼会奸"，天天践踏。"萨贼"指萨摩藩这一组织，但具体浮现在头脑中的无疑是西乡隆盛。高杉晋作也许在心中大骂：西乡这个混蛋！他终身未见西乡，应该是不愿意见。他不像胜海舟那样开通，当时产生的愤恨一直未消除。当然，西乡也并不在乎。

对长州藩的处分交由长州藩自己落实后，西乡开始为实现胜海舟所说的共和政府而活动。当时他使用的心腹是坂本龙马。

可以说，西乡把不少见不得光即萨摩藩不便出面做的事情都交给了坂本龙马。坂本龙马则不辞劳苦，积极落实。

坂本有坂本的想法，他不愿置身于具体的某个藩。龟山社中创建之时就制定了类似后来的海援队的规约。其中明确写了"此队由脱藩之人组建"，生活费由大家经营生意所得利润分配。这就是它被称为日本最早的股份公司的原因。不过，股份公司按道理应由出资者即持股人根据出资额分配利润。而龟山社中和海援队并没有出资者，说得好听点是自由人的结社，说得难听点就是大家都是身无分文的浪人，资金全部由萨摩藩和土佐藩出。这样能不能称为股份公司是个问题。

胜海舟与西乡会面时，拜托西乡说："神户海军操练所被关闭，来自幕府和各藩的人都有各自的归处，但坂本龙马等自由豪放的年轻人无处可归。特别是坂本，他是脱离了土佐藩而来的，可算作犯人。土佐藩至今仍在追捕他，如果他们得知操练所就这样关闭了，恐怕会更加严厉地对待坂本。可否拜托你关照坂本？我想，他在我这里受的教育对你们萨摩藩应该有所帮助。往大说，如果你们有志于建立共和政府，像坂本这样志同道合的人一定能发挥相应的作用。"西乡答应了胜海舟。

坂本很快便被西乡带到鹿儿岛，暂住西乡家中。当时接待坂本的是西乡的妻子。据说她给了坂本许多西乡的旧衣物，甚至包括兜裆布。碰巧回家的西乡听说了此事，训斥妻子："连我的旧兜裆布都给坂本？这算什么事？给他重做新的。"坂本却笑着说："别这么说。这样就挺好的。给你们添麻烦了，真是不好意思。有什么用得到我的地方，请尽管说。"西乡是彪形大汉，坂本也很魁梧，据说身高一米八左右，也是相当健壮，所以，体格硕大的西乡的衣服穿在他身上也挺合身的。

萨摩藩士看到坂本终日下围棋，便揶揄说："浪人在下围棋。"坂本冷笑道："在你们萨摩浪人不可以下围棋吗?"这种不服软的气势令萨摩藩士目瞪口呆。坂本是个豪胆之人，他并没有寄人篱下矮三分。他吃得很多，且毫不客气地喝酒。对萨摩藩士而言，这样的态度应该很少见。因为萨摩藩士的身份等级很森严，极少像坂本这样的自由豪放之人。

不久后，坂本与西乡商议，表示打算去长崎发展，想聚集神户操练所学习期间的伙伴结社。这意味着多少会从事走私贸易。坂本表示很乐意为萨摩藩做些事情，西乡拍掌赞成。当时西乡已经可以相当自由地支配萨摩藩的交际费和机密费了，他对坂本说："我会尽我所能出钱，你就按你想的去做吧。就当是我对胜海舟先生的回报。"至此，西乡的领导力中又增加了自主决断的能力。

如果在以前，西乡是不太可能这样自主决断的。以前的西乡通常不是按自己的想法行动，而是在他人的深刻影响下，带有一种为了他人不得不这么做的义务感。他深受岛津齐彬、迫田太次右卫门以及赤山靱负的影响，即使反驳岛津久光，也是搬出岛津齐彬的亡灵作为理由。此外，他还受到自己创建的精忠组（近思录派）的影响。

这一时期西乡的态度突然发生了改变，为他人做事的义务感减弱，开始积极独当一面，自己做的事情自己负责，绝不波及其他。这迥异于从冲永良部岛回来之前的西乡。也就是说，西乡舍去了过去的自我，实现了新生。因此，名字也从大岛三右卫门改回了西乡吉之助。大概此时的西乡觉得以前的自己太懦弱了，过于依赖齐彬主公和大久保一藏（大久保利通）等好友，依赖迫田和赤山的帮助，也依赖已故藤田东湖老师对弟子的疼爱。他意识到自己以前像个巨婴后，想要彻底改变。桥本左内15岁撰写名为《启发录》的著作时，已经宣称"必须去除稚气"。西乡这时终于意识到自己也应该如此，并开始付诸实践了。

对长州藩的宽大处置

第一次征伐长州时，西乡尽量从宽处置，开出条件，让长州藩自己动手落实。他当时开出的三个条件是：

一、长州藩毛利敬亲亲笔书写谢罪书。

二、将已经成为长州藩一大麻烦的五卿（七个公卿中已经死了两个）移交别藩。

三、毁坏山口城。

当时长州已经自己动手追究炮击御门的责任了，他们命令当时负责指挥的三个家老切腹，将四个参谋处以斩首，并把首级带到西乡面前。西乡见此情形，向总督前尾张藩主德川庆胜（1824—1883）进言，建议以三个条件作交换给予宽恕。

当时包围长州藩的征长军各部也有各自的苦恼。非战时突然发起征伐，增加的军费直接反映到了征税上，各大名领内的领民苦不堪言，频频发起暴动。大名无不担心领内情况，迈不开腿。如此背景之下，西乡的进言深得人心，大家都称赞西乡参谋了不起。总督参谋西乡吉之助的声名甚至传到幕府军中各大名的家里，这进一步扩大了西乡的新人脉的空间范围。

至于长州藩，当时的藩政府由保守派构成，也对西乡抱有感激之情。当时，高杉晋作等人组编的奇兵队闭守于马关，桂小五郎（木户孝允，1833—1877）也还躲藏在别处，尚未回来。幕府方面向长州藩的全权大使——岩国的吉川监物询问高杉晋作和桂小五郎在做什么，其意在要求交出此二人，高杉晋作和桂小五郎于是成了指名通缉的政治犯。长州藩接受了西乡提出的宽松条件，于是总督德川庆胜下令解散征长军。

听见流血革命的澎湃呼声

在这种背景下，十二月四日，西乡前往小仓与中冈慎太郎会面。脱离了土佐藩的中冈这一时期投靠于长州藩，相当于五个公卿的亲卫队长。他对西乡毫无好感可言。征长军使长州陷入了困境，对于以征长军总督参谋身份发号施令的西乡，中冈的心情与高杉晋作并无二致，会面前他甚至想杀了西乡。

不过，会面后中冈很快就被西乡的真诚感动了。中冈看到西乡虽然胸怀深不可测的谋略，态度却极为真诚，敬佩之情由然而生。也正是在这次见面时，中冈对西乡说出了关于武力讨幕的构想。

这令西乡大吃一惊。胜海舟的构想充其量只是对德川幕府的结构性改革，仅在幕府不接受改革的情况下，才考虑推倒幕府。而且，关于推倒的方式，也并未明确是诉诸武力，还是和平解决。西乡在这个阶段也只有讨幕的想法，还没有考虑流血革命。在他看来，顶多依照胜海舟的路线和平实现政权移交和重组，不至于出现更过火的情况。这也是岛津齐彬的遗愿，只要身为外样大名的萨摩藩可以参加德川幕政，他们就满意了。

中冈慎太郎等人的想法则截然不同，这令西乡惊讶不已。中冈说"日本人不见棺材不落泪"，聚集于马关和小仓的长州藩志士都抱着同样的态度。长州藩宁愿被全日本孤立，以所有大名为敌，也要战斗到底。至此西乡才意识到这就是胜海舟所说的不可以长州藩为敌。

此后西乡便直接前往马关。设想一下，如果西乡与高杉晋作会面，可能会有如下对话。西乡对高杉说："请你转达我们的想法。征长军已经开始撤退，接下来请把五个公卿送到九州。"高杉晋作笑而不答，既不说同意也不说不同意。他已有举兵的计划，打算在长州藩内发起政变。在高杉看来，长州藩受到这等战争处分，无异于被彻底打垮了，完蛋了。这可不是夸大其词。他已决意率领奇兵队起义，所以只能笑而不答。

征长军一撤退，高杉晋作马上宣布起兵。由于时任指挥的山县狂介（山县有朋）反对，奇兵队并没有立刻行动。但是，保守的藩政府听从强势的德川幕府指示，下令解散包括奇兵队在内的长州藩内所有队伍，并断绝了不听令的奇兵队的粮道——不给他们运营费。这使奇兵队也吃不消，高杉晋作等人被逼入绝境。高杉晋作与伊藤俊辅（伊藤博文，1841—1909）率领的力士队二三十人一起发起行动。

武装起义的圈子不断扩大，不久便波及长州全境。保守的长州藩政府被击溃，高杉晋作等人占据了萩城后，高杉晋作命令部下："我擅长破坏，却不擅长建设。给我把桂小五郎找来，让他负责接下来的事务。"这就是高杉晋作了不起之处。他知道自己的局限：能领导破坏，却不能领导建设。他直言桂小五郎才适合领导大家搞建设。

当时长州藩的人对桂小五郎的评价很差，认为京都一有动静他就躲起来，都称他为"逃跑的桂小五郎"。桂小五郎既没有参与池田屋事件，也没有参与禁门之变。本来要参与池田屋事件的，但他说了声"时间还早，我回头再来"，就去和对马藩的大岛友之允谈论朝鲜贸易了，两人谈了很久。新撰组闯入池田屋时，桂小五郎并未赶赴现场，而是马上回长州藩邸，紧闭大门，坚决不让众藩士出去。禁门之变时，他更是站到了反对的立场上，声泪俱下地劝久坂玄瑞和入江九一等旧友不要犯傻。但久坂和入江在人潮中身不由己地闯入了御所，后来丧了命。混乱之时，桂小五郎在长州藩邸烧毁机密文件，并在经常来往的御用商人的帮助下，亡命但马的出石（现兵库县丰冈市出石町）。所以这时高杉晋作需要派人叫他回来。

终于决心倒幕

得知高杉晋作叛乱的消息，参加征长军的大名都很气愤。他们要求西乡隆盛重新组建征长军。西乡不同意，他说："那是长州藩的内乱，我们不应干预。发动征长军必须以长州藩不遵守三个条件为前提。如果长州藩新政府不遵守条件，那么的确应该发动第二次长州征伐军。但现在并未出现那种情况。"

这话中有话。西乡已经不愿参加长州征伐军了，即使被委任为参谋，也打算辞去。他越来越强烈地觉得这场战争是会津藩与长州藩的私战，根本不想参与，反而想要联合长州藩推倒幕府。至此，西乡实现了作为政治家的重大飞跃。中冈慎太郎的话再次在他脑海中响起："日本人不见棺材不落泪。和平方式即使可以把政权夺回天皇手中，也不可能打倒德川幕府。要斩草除根就必须发动战争。"中冈满腔热情地向西乡宣扬战争的作用。西乡开始倾听这种意见，此后的工作也更侧重这方面的筹划。

不过，西乡被用武力连根拔除幕府的构想吸引的同时，还思考着坂本龙马主张的以和平方式实现德川幕府的结构性改革，也就是胜海舟所说的建立共和政府。这两种想法的实际行动者正是坂本龙马和中冈慎太郎。

坂本和中冈的关系很有意思，他们都是土佐乡士出身，都于庆应三年（1867）十一月十五日，即坂本龙马的第三十二个生日当天被刺客杀害。关于坂本和中冈当晚的密会，广为流传的观点认为他们志同道合，为实现共同的目标而密会。笔者不赞同这种观点。他们两人一开始就选择了不同的路线，坂本主张以和平方式解散德川幕府，中冈则主张诉诸武力的流血革命。这样的两个人不可能志同道合。

笔者认为，当天两人之所以没有带武器，正是因为他们之间的关系紧张到了一触即发的程度。坂本固执己见，中冈也毫不让步，如果手边有刀，很可能一不小心就相互砍杀。就是说，他们正是由于考虑到携带武器对双方而言都很危险，才商定好不带刀。结果，刺客闯入时，他们手边没刀，均被杀害。

站在高处关注着这两人的正是西乡隆盛。打个不太好听的比喻，西乡就像是长良川用鸬鹚捕鱼的渔夫，而坂本和中冈则像捕捉鲇鱼的鸬鹚（这样的比喻，可能会受到西乡、坂本和中冈的崇拜者的反驳）。高杉晋作发动政变攻占长州藩政府时，西乡只是袖手旁观。因为长州藩的变革能促进中冈慎太郎路线的实现。西乡也许在心里偷笑，他也许预感到长州藩不可能落实自己开出的三个条件。西乡特有的高度敏锐性于此可见一斑。

村田藏六与近代军队的组编

萨长联盟是西乡为撼动大山而做的工作中最为重大的。这并非仅靠西乡、桂小五郎和坂本龙马三人之力实现的，应该说中冈慎太郎和九州志士的积极行动也起了极为重要的作用。坂本只是担负了其中合自己意的部分，但这个准备阶段中坂本的活动确实很引人注目。

西乡与坂本商议以利益诱惑长州藩。当时的长州藩处于孤立的境地，高杉晋作政变后，回到长州的桂小五郎确立了举全藩之力武备恭顺幕府的方针。所谓武备恭顺，指的是在充分武装的基础上，向幕府谢罪。如果幕府视长州藩为危险分子，那就坚决战斗到底。打个比喻的话，就是表面着装无异常，里面却穿着铠甲。当时桂小五郎起用的是村田藏六，即后来的大村益次郎。

村田曾在大阪的绪方洪庵的适塾①学习医学，不过，他对军事的兴趣远胜于医学，而且已经在伊予的宇和岛藩伊达家成功实现了宇和岛藩兵的近代化。桂小五郎注意到村田藏六后，提出不应让长州的优秀人才流失他藩，必须加以重用，并命令村田藏六回长州藩。

村田意气风发地回到长州藩，并断言："如今已不是武士的天下，武士有个屁用？今后农民、庶民将大有作为。把农民、庶民编入队伍是强化长州藩的唯一途径。"对此，桂小五郎表示同意，高杉也同意。高杉自身经历过奇兵队及其他队伍的组建，政变时也主要依靠力士队等各队的力量，而不是藩的武力，他深知各队的实力，所以他赞同村田的主张。村田藏六于是开始

① 适塾：兰学家绪方洪庵（1810—1863）于 1838 年为医学教育而开设的私塾，后来广泛教授从荷兰传播而来的各种科学技术和文化知识，逐渐发展成为兰学私塾。

着手新藩军的组建。

西乡隆盛微笑着听取这些情报。与此同时，中冈慎太郎的流血路线也在长州逐步展开。

但是，无论怎样充分用农民、庶民组建藩军，如果武器不先进，也是打不了仗的。日本传统的长刀、长枪和火枪没什么用。长州藩渴求外国的枪支、大炮和军舰。资金他们是有的，他们通过苛政，利用长州特产"三白"（米、纸、盐）积累了充足的资金。当然这背后是农民的血汗，但不可否认长州藩的改革是成功的。这正如萨摩藩通过调所笑左卫门主导的天保改革，不遗余力地搜刮琉球列岛，使藩库装满黄金一样。

清浊并吞的智慧和器量

没有资金就实现不了倒幕，光靠喊口号是无济于事的，只有人活动起来，资金流动起来，整个组织发挥出巨大的力量，才可能撼动大山。倒幕之所以由萨摩藩和长州藩实现，最重要的原因就在于这两个藩能通过自身力量筹措足够的军费。

长州藩想利用手头的资金从英国购买军舰、大炮和枪支，但他们顶着朝敌的污名，无法购买这些武器。当时长崎有个名叫格罗夫①的商人，长州藩想设法通过他购买武器。坂本龙马

① 格罗夫（Thomas Blake Glover, 1838—1911）：苏格兰出身的武器商人，幕末在日本活动。

获知了这个情况。西乡对坂本做工作，出主意说："由你的龟山社中帮长州藩购买军舰、大炮和枪支，如何？当然，你可以用萨摩藩的名义购买，不过，钱由长州藩支付。而且，你们需要的船只，也可以算入其中一艘。如何？"

这是相当狡猾的。不可否认的是，这种狡猾很适合西乡。在幕末大动乱中挣扎的大政治家，光说漂亮话是成不了事的，还需要清浊并吞的智慧和器量。西乡兼备此二者。

西乡的主意引起了坂本的兴趣。坂本自身并不是铤而走险的商人，但龟山社中确实是一种走私组织，从事相当危险的贸易。不过，坂本的目的并不在此，他并非单纯想让龟山社中的成员有口饭吃，他也有极高的政治热情，那就是倒幕。他的倒幕主张是通过和平方式让德川家的政权回归天皇手中，即大政奉还路线。这不同于中冈慎太郎的流血革命。

中冈慎太郎始终希望通过战争打倒幕府，消灭幕府。他抱有偏激的观点，认为幕府最高位的德川庆喜必须杀死，就连江户的城楼、街道也必须烧毁。对此，坂本是反对的。虽然两人都是土佐人，但正如前文所讲，坂本路线与中冈路线截然不同。西乡则同时权衡着如何运用这两种路线。

"那么，这样做吧，"坂本对西乡说，"由我以萨摩藩的名义对格罗夫做工作，购买长州藩所需的舰船、大炮和枪支，再交给他们。萨摩藩则向长州藩购买萨摩藩进军京都所需大米及其他物资。如此便是物物交换，不会有政治协议之类的东西暴露出来。这样操作岂不最好？"

西乡双手抱胸看着坂本，他明白坂本的意思。坂本的言外之意是，长州藩对萨摩藩，特别是对西乡的看法一直在恶化，很不稳定。现在西乡主动提出这样的建议，反而容易使长州藩生疑。他们一定会认为："西乡这家伙，说得好听，其实是想试探长州藩的内情。如果真的依他所言，便坐实了逆贼之名，他将再次发起长州征伐军。绝不能上他的当。"西乡不由得佩服阅历丰富的坂本将事态看得如此清楚，回答说："那就按你说的做吧。从物物交换开始。"

始于物物交换的萨长联盟

由这个物物交换式的协约后来发展出政治同盟萨长联盟。说得直白一点，萨长联盟始于走私。即萨摩藩提供长州藩想要的东西，也从长州藩购买大米等其他物资。这种贸易当今世界到处都存在。两个国家不能在国家层面进行交流时，仍可以通过市民或商人之间的贸易进行交流。

例如，尽管战后日本与俄罗斯尚未正式缔结和约，甚至可以说还处于敌对状态，但市民层面的物品交换却相当广泛。鱼子酱、伏特加，有段时间木材也大量涌入日本，甚至连西伯利亚的石油也流入日本。不难想象日本也有很多商品流向俄罗斯。这又进一步推动双方文化和观光交流。敌对国家不太可能在国家层面实现这种交流，却可以在市民层面展开，政府和国家也会给予默许。西乡和坂本龙马所做的与此相似：先在市民、商人层面编织细细的丝网，待网足够粗大结实后，再着手进行藩政府层面的联合。

为了这个物物交换协议，萨摩藩派出了小松带刀①等重要官员，长州藩则派出了桂小五郎、伊藤博文及井上闻多（后来的井上馨）等，在长崎缔结秘密协议，委托坂本的龟山社中负责购买。

坂本与格罗夫交涉，为长州藩购买舰船、大炮，再由龟山社中驾船送往长州藩。当时坂本龙马为他们自己争取到了一艘船，即伊吕波丸号。这艘船形式上所有权归长州藩，仅使用权归龟山社中，但实质上可以说被龟山社中占有了。后来伊吕波丸号与纪州和歌山藩的船发生撞船事件，坂本依万国公法解决此事。论争中纪州藩败北，支付了巨额赔偿。

坂本龙马主持的萨长同盟

元治年间各种纷争不断，因而决定改元，以期结束多事之秋，遂于元治二年（1865）四月七日改元庆应。

可以说，整个庆应年间西乡隆盛都在为与长州藩联合而奔走。在萨摩藩的帮助下，长州藩拥有了足以应对德川幕府军进攻的实力，他们开始对萨摩藩心生感激。坂本龙马趁此良机积

---

① 小松带刀（1835—1870）：幕末萨摩藩士。作为岛津久光的侧近参与藩政，后来在京都为大政奉还奔走，参与萨长同盟的缔结。

极活动，并且在京都让西乡与桂小五郎联手。桂小五郎怎么也不相信西乡，要求坂本龙马写保证书。坂本笑了，边说"你可真多疑，简直像个老太婆"，边写了保证书。当时的经过人尽皆知，无须笔者在此赘述。

起初，西乡和桂小五郎相互摆架势，就好像相扑比赛中限定的时间到了，可谁也不站起来。他们边下日式象棋，边说"王手取飞车"、"桂马高跳步饵食"之类无关痛痒的话①，其实都在等对方先开口。这时坂本走过来，大怒道："你们俩到底在干什么？现在是下棋的时候吗？你们只顾着自己的面子，自己藩的面子！但我们现在必须考虑的是日本该怎么办。大家应该为了日本而联手。就在这里，就是现在，马上！"坂本反常的大声呵斥令西乡和桂小五郎都感到羞愧。特别是西乡，也许在责怪自己都在做什么呀。于是马上缔结了同盟密约。

密约的内容是军事同盟。约定萨摩藩从侧面或背面出力，帮助长州藩洗除污名。萨摩藩此后还与艺州即安艺藩（广岛藩）、土佐藩缔结了密约。这个时期的西乡非常有行动力。他那么硕大的身躯却灵活无比。大概是青年时期长期担任岛津齐彬的庭方即谍报员的经验发挥了很大作用。

直至萨长同盟缔结，西乡从未对坂本龙马或中冈慎太郎指手画脚。这就是西乡的领导方式。

---

① 日式象棋的术语。

西乡式领导方式的高明之处

我们常常会看到一些领导无法放手把事情交给部下，动不动便亲自出手："看你慢吞吞的，真急死人。我做给你看看。"做完后便得意起来："怎么样啊?"身为领导，这样做是失职的。不能耐着性子等待就不能胜任领导之职，这样向部下炫耀更是人嫌狗不爱。真正的领导应该发掘部下的能力，让部下学会自己做事情。以往那种领导身先士卒的做法——自己先冲向危险的地方再号召部下的做法早已过时。真正高明的领导模式应该是：自己站在后方发话"到那儿去"，部下便愿意奔向危险的地方。这才是现在的领导应该努力的方向。

这正是西乡隆盛践行的领导方式。他从不号召部下跟上，而总是坐在后面，命令部下："快过去。"部下则很乐意冲上去。能令部下产生这样的主动性正是西乡领导才能的厉害之处。

坂本龙马和中冈慎大郎不是他的直接下属。可以说，坂本是胜海舟培养的，中冈慎太郎是五个公卿和长州藩培养的。西乡隆盛总是静静地观察着凭自己本事成长的人，等他们成长到一定程度再伸手拉一把。让坂本龙马组建龟山社中正是如此，让中冈慎太郎在流血讨幕路线上前行也是如此。进一步说，默许高杉晋作的政变也是如此。充分尊重对方自主性的同时，为其提供场所让其能力得以发挥，这便是西乡式领导方式的高明之处。

西乡隆盛的领导方式、对时代的解读以及他自身的政治行动，乍一看像应急之策。即他并非有了整体的构想后才开始行动，而是看清每个时期的实际情况再有针对性地思考对策。打个比喻，他是一边走，一边穿衬衣、穿裤子、系领带、再穿外套的。但他绝不慌慌张张地奔跑，而是耐心沉稳地行动。这是西乡式领导方式的一大特点。

此外，相较于高层，他更寄望于中层管理者和一般职员。特别在重组一线工作人员和振奋士气方面，西乡发挥着丰臣秀吉（1537—1598）般非同寻常的领导才能。

小御所会议上的戏剧性场面

萨长同盟缔结后的一段时间内西乡倾向于坂本路线。不久后的庆应三年（1867）十月十四日，第十五代将军德川庆喜向朝廷奉还大政。翌日，获许。

有意思的是讨幕的密诏也于当天下达长州藩和萨摩藩。该密诏清楚地写着"讨伐幕府和将军"，即动用武力之意。这是中冈慎太郎主张的路线。那么，当时的西乡处于怎样的关系之中呢？

当时西乡频繁出入于被驱逐到京都洛北岩仓村的公卿岩仓具视处。不仅西乡，大久保一藏（即大久保利通）和长州的品川弥二郎也频繁出入该处。换句话说，萨摩和长州的讨幕志士频繁出入该处。

这一时期，大久保一藏已经成为中冈路线即流血讨幕路线的有力信奉者。品川弥二郎也一样，确切地说，整个长州藩都坚定地主张武力路线。与此相对，坂本龙马等人的积极奔走动摇了德川幕府内部，例如，支持坂本的大久保忠宽和永井尚志等人的运动；由坂本主导、通过后藤象二郎（1838—1897）实现的前土佐藩主山内容堂（1827—1872）的进言。在这些因素的作用下，德川庆喜的想法开始动摇。

坂本路线意味着奉还政权后建立共和政府，实行议会制，并由原将军德川庆喜担任议会的议长。如此一来，实质上并没有特别的变化。这激起了流血讨幕派的戒备心，他们群情激昂，想要破坏大政奉还。

西乡隆盛在此暗自下了决断，放弃坂本路线，转向流血讨幕路线。于是，他争取让岩仓具视列席临时于十二月九日在京都御所的小御所举行的会议，并解除了长州藩士的"朝敌"污名。

小御所会议的议题是令德川庆喜辞官纳地，丝毫未提及让他担任共和政府议长之职一事，也就意味着彻底驱逐。对此，大政奉还派群情激愤。作为该派代表列席会议的前土佐藩主山内容堂气势汹汹地称这分明是一部分公卿及个别藩的阴谋。会议只好暂停。据说，岩仓具视问西乡："怎么办？"西乡回答说："如果有把短刀就容易解决了吧？"并从自己怀中掏出一把短刀。其意指如果山内容堂争辩不休就将其杀死。岩仓具视脸色煞白地点头道："明白了。"显然岩仓原本不够坚决，是西乡令岩仓尚存动摇的心坚定起来并做出决断的。

重新恢复会议后，岩仓在席上大声呵斥山内容堂："幼年天子面前你如此说话太放肆了。"这并不是跟山内容堂理论，而是说山内容堂这么说本身就是对天皇不敬。山内容堂不便再争辩，后来终于沉默，已然无计可施。

利用游击战术挑衅幕府

小御所会议当日发布了王政复古的大号令，大政奉还路线被彻底否决。即开设议会、迎立德川庆喜为议长的可能性不复存在，德川庆喜还被要求辞去现有官位，并奉还手中八百万石的领地。这是鸟羽伏见之战最早的起因。

但是，德川幕府也相当谨慎，没有轻举妄动。也就是说大山并没有马上被撼动。大政奉还未撼动它，王政复古大号令也未撼动它。西乡认为即使要费一番功夫拉拽也必须撼动大山。那该怎么做呢？只能利用游击战术挑衅德川幕府。

西乡立马动员心腹益满休之助（1841—1868）以及相乐总三等志士浪人，密令他们在江户城挑起骚乱。于是，这些名为御用党的浪士队故意在江户胡作非为，闯入富商家抢夺钱财，斩杀抵抗之人，并堂而皇之地回到萨摩藩邸。关于御用党的据点在三田萨摩藩邸的传闻四起。负责江户治安的庄内藩被激怒，遂与法国将校布吕格尔来到三田的萨摩藩邸，并动用了大炮。

当时益满休之助进退处理得非常巧妙，他令全体同伴从后面的港口乘船逃走，自己则束手就擒，并称："所有责任都在我益满一人身上。"益满被交给胜海舟。胜海舟将益满放到山冈铁舟（1836—1888）处，益满便和山冈铁舟开始筹划胜海舟与西乡的会谈。

山冈与益满完成了江户开城的实质性交涉。对于西乡提出的条件，山冈基本上当场就接受了，唯独不接受把德川庆喜降为一介大名这一条。山冈反问："如果西乡先生处在我的立场上，会答应吗？"这一句话把西乡问倒了，他回答道："确实如你所说。好吧，那就让德川庆喜隐居水户吧。"于是就这样从宽处理了。

站在对方的立场上考虑问题

这正是西乡了不起之处，他经常站在对方的立场上考虑问题。这是因为他从年轻时起便受过许多伤害。所以他说："伤口都会痛。我知道自己的伤痛，所以也理解他人的疾苦。我知道不能往他人伤口撒盐，不能揭开好不容易结起的疤。"

西乡与胜海舟的会面其实是对西乡与山冈会谈的总结，实质上并未提任何新条件。西乡与山冈的会谈已经决定了江户开城，胜海舟则是锦上添花。可以说西乡制造了以陆军总裁身份处于旧幕府高层的胜海舟的出场机会。至于这么做的原因，他这是在报恩，感恩元治元年（1864）九月十一日胜海舟向自己泄露重大机密，并告之以建立共和政府的构想。

不留芥蒂地实施并购

如上所述，西乡式撼动大山的方法相当曲折，也花了很多时间，甚至使出了游击战这种高难度非常手段。西乡同时使用明和暗、清和浊两方面的手段，坚持到最后终于撼动大山。过程中他充分利用了坂本龙马和中冈慎太郎。甚至把那些在木屐底写上"萨贼会奸"加以踩踏的长州藩领袖也纳入自己的势力圈内。在这个意义上，西乡的领导力也具有阴暗的一面。不过，他能让这些阴暗面不留下污点，活用合适的半官半民组织。这并不是普通革命家所能做到的。这正是西乡了不起之处。

他也做了一些见不得光的事情却没有被大家抓住不放，其原因在于他本质上是善良的。他总是站在对方的立场上考虑问题，绝不往对方伤口撒盐。用现在的话说，他做的事情就是有情的并购（M&A）。为了重组，吞并了整个德川幕府。吞并如此庞大的幕府，除西乡之外别无他人。而且为了吞并，甚至与相互敌视的长州藩联手，这也是常人难以做到的。

西乡的这一点非常值得现代企业学习，即吞并时不留芥蒂。现在的并购往往很难做到不留芥蒂地顺利展开。尤其难以保证被收购、被并购的企业的员工毫无劣等感和挫败感，他们为合并后是否会受到公平的人事待遇而感到不安。在美国的话，可能会把这当作一种运动、游戏。日本人却很难做到，日本人太多愁善感。

西乡身上日本式情感较为丰富，所以不会过于理性地开展并购。他会花上大量时间充分劝说，如果劝说也没用，那就只好用上游击手段了。即便如此，他的目标是让大家都幸福，这为合并或收购赋予了大义名分。而且，这个因素的影响非常大，对周围人具有强大的说服力。

撼动大山之人

撼动大山意味着彻底改变历史悠久的体系，乃至日本人自古以来的价值观。在这个意义上可以说，西乡是个巨大的破坏者。对于破坏后的日本社会该怎么办，他是否有张蓝图或理想图，我们不是很清楚，但大久保利通是有的。

当然，大久保利通也并不是从一开始就揣着蓝图建设新日本的，但他比西乡看得更远一些。虽然西乡和大久保都出生在鹿儿岛甲突川岸边，但家庭环境完全不同。西乡家是典型的鹿儿岛下级武士家庭，平凡而朴实；大久保家则自他祖父起便相当开明，他祖父还从事贸易，据说家中用品不少是外国货。从这一点上看，大久保是在比较时髦的环境中成长的。由此也可见，意欲实现鹿儿岛近代化的岛津齐彬，从一开始就拥有能响应其抱负的环境。

可以说，西乡始终是日本式思维，而大久保则从孩提时代起便具有相当西式的想法。所以，建立明治国家后大久保并没有不适应。对大久保而言，幕末并非充分发挥自身能力的理想舞台；而当古老的体制被否定，日本开始推崇欧美文化时，他的出场机会便多了起来。

与之相对，西乡在日本古老的价值观中成长，思维和看法带有较强的民族主义色彩。也正因为西乡成长于古老的价值观中，他在幕末具有重要的意义。但是，进入明治时期后，在明治政府的口号下全日本进入赶超欧洲的大潮。想加入欧美文化潮流的日本人全都是这种心情。当这种赶超加速时，西乡便跟不上了。在这一点上，高杉晋作发起政变攻占长州藩政府后的姿态确实了不起，他说："我善于破坏，却不善于建设。建设就交给桂小五郎。"如果西乡也能在从幕末到明治的进程中快速转变，急流勇退，也许会是另一种结局。不过，没能这么快速转变，恰恰反映出西乡的好，总是温柔待人，难以拒绝他人对自己的依靠。

明治以后西乡不可避免地开始从山顶走下坡路。笔者不知道西南战争是否算西乡人生的终点。说实在的，笔者觉得西南战争也只是西乡人生中的又一个点，或者说是人生道路上的一个站。我仿佛看见他经历西南战争后又继续往前走。西乡本人虽已溘然长逝，但时至今日仍有很多人崇拜西乡。西乡在我们现代人中仍然拥有相当广泛的人脉。

第四章　西乡作为领导者的威望

　　关于当今中小企业经营者必备的领导才能，某研究机构做了个问卷调查，并得到相当多经营者的回答。从调查结果看，在三十多项才能中，最受重视的前五项分别是：一、预见力（先见之明）；二、信息力；三、决断力；四、行动力；五、体力（健康）。

　　排名靠后的则有：诚实、谦虚、包容、关爱部下，等等。排名靠前的几项不难理解，靠后的几项却令人难以置信。靠后的几项都是被视为"日本式经营"的支柱的品质。日本人提倡这些美德，认为它们在日本式经营中有助于培养职员对企业的忠诚，认为它们是终身雇佣、论资排辈和富有人情味的人事管理等的基础。但是，现实中中小企业经营者却重视预见力、信息力、决断力、行动力和体力等远胜于这些美德。

　　笔者曾认真思考过这到底是为什么。

　　现在日本中小企业的经营者重视的是干巴巴的能力，而不是饱含感情色彩的东西，甚至可以说尤其看重非日本式的才能。借用日本史的视角来说的话，就是重视战国时代的武将所需要的能力。这大概是因为当今企业所处环境与战国时代一样严峻吧。

不过，问题在于很多事情并不能单靠这些能力解决。诚然，在中小企业所处的严峻环境中，有可能因拘泥于诚实、谦虚、包容部下、关爱部下等美德而马上被竞争对手打败，甚至毁了整个公司。所以他们认为倒不如冷漠无情地充分发挥能力，守住企业，使之发展壮大。

这当然也没错，但这未必能使整个店铺或企业齐心协力。这涉及组织的复杂性，因为组织无论大小都是由人组建的。

以西乡隆盛和大久保利通为例，这个问卷调查结果中备受重视的才能，大久保利通全都具备，而西乡隆盛却不够冷酷。西乡的魅力在于诚实、谦虚和包容等。从中小企业经营者的眼光看，"这么严峻的形势下，靠西乡隆盛式的温情是挺不过去的，必须要有大久保利通那种近乎无情的理智"。

但是，如果问现实中这两者谁更有人气，则西乡无疑拥有压倒性的人气。这一点在两人共同的出生地鹿儿岛也不例外。大久保利通的铜像直到最近才在有心人士的努力下造好，由此也不难看出其人气远不可和西乡同日而语。

时至今日人们还会说："去了鹿儿岛，如果说西乡的坏话，就别想活着回来。"足见西乡人气经久不衰。这是为什么呢？

虽然人们重视战国武将那种理智得近乎无情的领导才能，

即织田信长那样的能力，但单靠这些未必能鼓舞部下的士气，让他们积极工作。实际上企业的高层越要求部下理智无情，其部下往往越渴求真诚、谦虚、包容和关爱部下等温情。我们强调组织是由人组建的就是这个原因。组织不能冷漠无情，如果组织没有半点人情味儿，部下是不会拼命工作的。

对西乡隆盛领导才能的构成要素稍加分析，就会发现与前述问卷调查的结论相左之处。西乡在一百多年后的今天依然深受许多人爱戴，就是因为他富有人情味。他不视自己为完人，自知浑身是毛病，担任领导者后也总是自我反思、自我启发，坚持活到老、学到老的态度，真诚栽培后继者。

原则话与真心话的区别

当今的中小企业主身处战国时代般严峻的环境之中，不管现实中自己是否真正做到，都推崇前述问卷调查中排名前五位的能力："身为经营者，如果不具备这些条件，就挺不过去。"

让"日本式经营"闻名全世界的最大功臣是傅高义的《日本第一》（*Japan as No.1*）一书。该书使用的案例几乎都是3 000人以上的大企业。要注意的是，日本企业并非都是3 000人以上的大企业，相反，3 000人以下的企业占了90％以上，其中70％以上都是不到10人的零散小企业。这些10人以下的小企业估计连工会都组织不了，员工也清楚这些，他们不会拆自己老板的台。万一店铺或工场倒闭，自己便失业了。

这就是日本式经营的实际情况。中小企业主与员工被牢固的纽带紧紧地连结在一起。这种纽带的本质是人与人之间的关系，日本人素有的美德为它提供了保障。人们有时愿意为了某个人而做一定的忍耐，诸如："头儿自己也那么辛苦。周日让我加班一两次，我也可以不要加班补贴。""为了他，我可以多少忍耐点儿。"

　　从劳动基准法的标准看，日本零散劳务的实际劳动环境恶劣得足以引起劳动基准监督署的关注。如果——加以监督，估计大量店铺、工场都将倒闭。但是，雇佣者与被雇佣者之间存在一种难以言喻的富有人情味的交流。有些劳动者为了维护老板会主动说："是我自己太无能，如果周日不加班，事情就做不完。"像这样的劳资关系日本随处可见。

　　所以，我们不能盲目相信前述问卷调查的中小企业经营者的意见。不能盲信的原因在于：第一，他们说的只是原则上的话，而不是实际情况；第二，在那些样例中，拥有大量员工的经营者与只有少数员工的经营者，他们的看法并不相同。

　　特别是零散企业的经营者，他们所说的和所做的有很大出入。他们在问卷中所列能力只是一种"愿望"，他们"希望那样"，担心"不那样的话，店铺就要倒闭了"。即主观意愿与实际情况不同。这里涉及日本劳动界的复杂性。雇佣者与被雇佣者的意识之间存在鸿沟，即使这点忽略不计，也还存在一些无法用理论、逻辑解释的东西。而这种不合逻辑，正是日本劳动者的特性。甚至也许可以说，这种不合逻辑正是日本式经营的实际状况。

重视"理"的大久保与重视"情"的西乡

我们可以把日本的管理者和职员分成以下几种类型：

A ① 重视组织规则

　② 重视人际关系

B ① 重视"做什么"（做的内容）

　② 重视"是谁说的"（说的主体）

C ① 独占权力型

　② 分权型

如果将这些进一步体系化，可以分成两大类，即重"理"型与重"情"型。

对西乡隆盛情况比较了解的读者可能已经猜出来了：重"理"的是大久保利通，而重"情"的是西乡隆盛。大久保是理性的人，西乡是感性的人。

夏目漱石（1867—1916）在小说《草枕》的开头这样写道："我爬着山路，心里思忖着：过于理性则棱角突兀；拘泥于人情则迷失自我；倔强固执则陷入窘困。总之，人世不易居……"

这真可谓至理名言，非常适用于划分不同的处世之道。漱石还打了个比喻，大意是："方形之物滚动于台上，往往会疼痛。难免碰到角，自己受伤，对方也受伤。所以有必要把棱角磨平些。不过，彻底磨平棱角变为圆球，便会咕噜咕噜滚远而不知所踪。再者，若是玻璃之类的易碎品，可能便碎了……"

这段话想表达的意思是：为人处世过于理智无疑会导致糟糕的人际关系，甚至可能伤害自己，也伤害对方（也许漱石自身便是如此）。但倘若过于圆滑，向"人情"一边倒，则容易沉溺其中，耽误重要事物。两者各有利弊，只能坚持适度原则。

漱石不愧是洞悉人世的，他这些话同样适用于当今职场。如果某个管理者自以为是，一副"我是精英"的样子，会让他人看不顺眼。如果陷于"人情"的沼泽而无法自拔，也难免苦闷、忧郁。组织中人都能切身体会到综合两者的必要性。

大久保利通偏理性，西乡隆盛偏感性，两人情况正好与前述 A、B、C 三组中的两两对比相符。

即大久保利通在 A 组分类中属于重视组织法则的人，在 B 组分类中属于重视"做什么"（做的内容）的人，在 C 组分类中属于独占权力的人。大久保比谁都清楚权力的分量和力量。

与大久保不同，西乡重视人际关系胜过组织的规则。比起"做什么"（做的内容），西乡更重视"是谁说的"（说的主体），即重视人本身。而且，他自身并没有权力欲。他分权给众多的后辈和部下，自己则高屋建瓴。直到最后的西南战争，他也是坚持"那好啊"的态度。

接下来，让我们通过几个事例比较西乡隆盛与大久保利通的领导力，分析当今领导者必须具备怎样的领导才能。

重视人际关系胜过组织规则

首先来看看 A 组中重视"组织规则"还是"人际关系"的问题。

西乡年轻时遇到藩主岛津齐彬慧眼识英才,成为其左膀右臂。尤其在被任命为庭方可以直接和齐彬说话之后,西乡主要从事政治活动,其中包括大量的谍报工作。西乡尽职尽责。其中,他投入了最多精力的是将军继嗣问题。安政大狱之前,围绕"由谁担任第十四代德川将军"的问题,舆论分成了两派。包括幕府内部的开明派和外样大名在内,那些由衷希望日本会更好的人都支持一桥庆喜为候选人。

他们的理由是国难当前,将军必须具备应对国难的能力,不能只是摆设。为此,他们想让天皇下旨向德川幕府施压,让幕府选出符合"年长、英明、人望"三个条件的将军候选人,而这三个条件简直就是为一桥庆喜(17 岁)量身定制的。德川幕府则以重视血统胜过能力的传统为由,拥立纪州和歌山藩主德川庆福(8 岁)。

拥立一桥庆喜的运动最终以失败告终。强调血统的大老井伊直弼宣称:"立谁为下一任将军是德川家的家事,理应由德川家一门亲族与番头商议决定,没有外人指手画脚的道理。更何况外样大名、陪臣(大名的家臣)和诸士(旗本①)等原本没

---

① 旗本:江户幕府时期,石高不满一万石但有资格谒见将军的将军直属家臣。

有资格参与幕政，现在却不但批判幕府，还插手继嗣问题，这像什么话？岂能容忍！"井伊宣布立纪州的庆福为下任将军人选，并弹压拥立一桥庆喜的人。这就是安政大狱。安政大狱并非单纯的是否取得开国条约敕许的问题。对井伊直弼而言，更为紧要的是德川家的继嗣问题。

西乡被卷入安政大狱。他和一起奔走的京都清水寺僧人月照一同成了幕府指名通缉的政治犯。更糟的是，他敬仰为良师的岛津齐彬急病身亡。关于齐彬之死，不少观点认为是毒杀，本书不作讨论。西乡失去了立身之地，但责任心强的他担心月照胜过担心自己。他想无论如何先逃离京都为宜，于是两人离开京都，奔向鹿儿岛。

但是，鹿儿岛的局势已然大变，齐彬派被驱逐，保守派开始抬头。保守派拥戴齐彬之弟久光。久光曾欲取代齐彬成为藩主，但这次他并未担任藩主，而是遵照齐彬遗言，让其子忠义担任藩主，其本人则以监护人的身份掌握实权。

在久光的安排下，藩政府的人事被彻底改变，不再有西乡的容身之所。久光自身未必如世间传闻的那样反齐彬，相反，他忠实地沿着齐彬的政治路线前进，也没有开展报复性人事调整。但他周围的家臣却不一样，保守官员为了讨好久光，更为了不惹怒德川幕府，开始考虑处置西乡等人。

面对萨摩藩内的严峻形势，西乡无比困惑。他并不在乎自己处境如何，但他一心想要帮助月照。他把月照留在博多，自己先行前往鹿儿岛，结果遭到藩里痛斥："岂有此理！我们绝不欢迎什么月照和尚。一个你就够让大家头痛的了!"这时,不便继续久待博多的月照在平野国臣的陪同下来到鹿儿岛。西乡一筹莫展,而藩政府决定把月照"送往日向"。所谓送往日向,表面上是送出鹿儿岛境内,送往日向,背后却隐藏着阴谋,即一出萨摩藩进入日向境内,便将其斩杀。

西乡明白这一点,一听到"送往日向"的结论,他便坠入了绝望的深渊。他果断决定"和月照一同投身锦江",并付诸行动。当时,平野国臣(1828—1864)也在船上,但他还没来得及阻止,两人就一同投水了。月照身亡,西乡却获救了。藩政府也颇为难,也有对西乡怀有好感之人提议:"就向幕府谎称西乡和月照双双身亡吧。不过,也不能让西乡继续留在鹿儿岛了。送他去奄美大岛隐姓埋名吧。"

西乡心不甘情不愿地把姓改成祖先的姓——菊池,前往奄美大岛。也就是说,从这时起真实的西乡隆盛被隐藏了。不难想象这给他带来多少屈辱感和挫败感。

从这个例子不难看出西乡不太重视组织的规则,他重视人际关系,即重视人情的规则。他心中只有已故主公岛津齐彬,以及因齐彬而建立的人脉。所以,对于配合他完成齐彬所派任务之人,他决不会置之不理。当时,德川幕府在大老井伊直弼的努力下恢复了元气,全国的大名都畏惧井伊。萨摩藩政府中,被视为开明派的一派受挫,取而代之的是保守派的壮大。这就是组织中的生存法则。理性的大久保利通已经开始遵循这种生存法则。他得知萨摩藩新的实权人物岛津久光爱好围棋,便努力提高棋艺，并通过他人接近久光。

大久保利通说："成事必须靠组织，而非个人。个人的力量是有限的。一个人再怎么折腾，也成不了大事。"可以说，他早就切身体验过单个人的无能为力了。由罗骚动时他父亲受到连坐处分，被流放遥远的喜界岛。大久保自己也失业了，断了俸禄来源。他由此萌生了强烈的意志："再也不要这么悲惨。"

大久保切身体会到了组织的强大，以及处于组织顶端的权力的威力。他由此形成一个人生信条："要做自己想做的事情，就必须接近权力，或者把权力掌握在自己手中。"在这一点上，他与西乡隆盛截然不同。

西乡认为："无论形势如何变化，都不可忘记他人对自己的恩情。滴水之恩当涌泉相报。即使身处险境，也必须坚持尽自己所能真诚待人。"所以，他明知萨摩藩内的局势发生了急剧变化，仍带着月照回鹿儿岛。结果，组织的规则击败了他，他自己虽被救起，月照却身亡。他无视萨摩藩内逐步建立的新秩序，以为人情可以打破组织的规则，这是他的失算。这种挫败感和屈辱感在日后激励着西乡成长。

再举一个西乡非常重视人情的例子。那是西乡第二次被流放，赦免的使者来接西乡时，西乡见还没有使者去接村田新八，便强行让接自己的船只前往不远处村田所在的小岛，接出村田。这无疑是越权行为，但在西乡看来，"我和村田所做事情相同，我不能自己得救了便不管他"。村田感动不已，决心"从今往后我为西乡万死不辞"！这正是西乡有别于大久保只重视组织规则而忽视人和人的关系之处。这一点正是西乡式领导温暖人心之处。

重视"是谁说的"

在接下来的事例中，我们可以看出西乡重视"是谁说的"，而不重视"做什么"。

西乡获许从奄美大岛回到鹿儿岛后，首先去的是岛津齐彬的墓地。他在那儿痛哭流涕。这令当时的实权人物岛津久光异常恼火。久光叫来西乡，对他说："我将继承兄长遗志，率大军前往京都，压制京都，讨得敕旨，再前往江户城，改革幕政，参与人事。你先作为先锋收集情报，并在马关（下关）等着。记住了，一定要在马关等着。如有违命，严惩不贷。"久光说话时带着厌恶的神情盯着西乡。他非常讨厌西乡，因为即使流放期间，西乡也依旧公然表示："我只尊敬齐彬公。"

听到久光的命令，西乡回答说："率大军压制京都，确实是齐彬公在世时的计划。不过现在由您来完成是不可能的。"

"不可能？"久光怒了。西乡点头回应。

久光咬牙切齿道："我兄长能办成，怎么我就办不成？岂有此理！"

西乡回答道："齐彬公既是名副其实的萨摩藩主，也有官位。而且，他与德川幕府的首席老中阿部正弘公有交情，与土佐的山内容堂公、伊予的伊达宗城公以及越前的松平春岳公等也有交情。此外，他还与水户的齐昭公及其家老藤田东湖等也有交情。也就是说，不是齐彬公一个人单打独斗，他周围有许多赞同者和支持者，齐彬公是在这个团队里发挥自己的能力。如果当时齐彬公去了京都，也许就实现了抱负。您与他不同，无位无冠。也就是说，您虽然是藩主的父亲，但从京都朝廷的角度看，您既无冠也无位，也没有要人为您说话。这样的情况下，如果突然进军京都，将不可避免地受到藐视，遭到拒绝。不难想象，即使到了江户城，也难免受人嘲笑说区区一个大名的父亲无位无冠来做什么。您且息怒，请平心静气慎重考虑。"

"……"

当时久光正含着烟管，被西乡的话激怒，咬得烟管咯吱咯吱地作响。据说烟管上都留下了他的齿印。

不难想象久光有多窝火，因为西乡一针见血地指出了问题所在。确实如西乡所说，当时的久光没有官位，其身份仅仅是萨摩藩主之父。而且，他也确实没有建立其兄齐彬那样的关系网。就这方面的人脉而言，久光甚至不如西乡，因为西乡一直重视人际关系。因此，岛津久光要强行推行自己确立的组织规则确实相当困难。

不过，在久光看来关键在于事情本身。他认为只要事情本身是对的，别人就会听他的。他自信前往京都、进入江户城也绝不是空想，一定可以实现。

事实上，久光的想法确实实现了。后来他在敕使的陪同下，从京都前往江户城，推动幕政改革。这件事情上，可能是西乡因长年待在远岛信息闭塞而判断错误。可能他还过度低估了岛津久光的实力。

刚从岛上回来的西乡隆盛对岛津久光说出如此不敬的话，说明他心里还是拘泥于"是谁说的"，即在乎说话的主体。如果当时岛津齐彬还活着，也说同样的话，估计西乡隆盛会深受感动，双手伏地，忠心耿耿地说："请让我为您鞍前马后效力吧！"也就是说，对西乡隆盛而言，即使面对同样的事情，他的态度也可能因为对方不同而截然相反。是支持还是拒绝，有时可能取决于"是谁说的"，而不是"说的是什么"。西乡很在乎发话者。如果发话者不值得自己尊敬，无论多好的事情，他也不听，甚至可能逆反。久光也非常清楚这一点。他想："这家伙无论如何都难以纳入萨摩藩的框架中，太难对付。他就连我这个头儿的话都不听。永远只尊敬我哥，瞧不起我。"如此，久光越发厌恶西乡。

大久保选择权力和组织规则

西乡先行出发，出了九州，渡过海峡到达马关后，得到的消息令他大吃一惊。原来，上方的志士完全误会了岛津久光进京之事，他们以为"岛津久光公要发起倒幕大军"。西乡觉得这简直太荒唐了。

"久光公绝非那些志士所以为的那样。相反，他不喜欢萨摩藩士与志士交往。尤其厌恶没有工作、无所事事的浪人，以及脱离自身所属之藩后任意妄为的脱藩志士。针对这次上京都，他还特别交代大家不许与浪士交往，如有违抗必严惩不贷。这些人不了解情况，如果他们误以为久光公是率领倒幕大军的盟主，那就糟糕了。"

西乡为此颇为苦恼，思来想去后决定："我先去上方说服那些志士，消除误解，让大家知道久光公绝非他们所以为的那样。否则，可能会有很多无辜之人丧命。"

从岛津久光的态度看，他绝不可能与志士联手。如果这些志士混入队伍中或倒逼久光发起倒幕大军，久光未必不会把这些人交给幕府。因为岛津久光实在厌恶浪人。

于是，西乡匆匆赶往上方。并不是他忘了久光的命令，而是久光的道理在西乡这里根本行不通。西乡认为即使久光出面澄清，那些志士也未必信服，自己则应该能说服他们。这里也反映出西乡对"是谁说的"的重视。

但是，西乡并未说服上方的志士，他们异常兴奋，根本听不进西乡的话。而且，很多新人根本不认识西乡，甚至有人说："一个萨摩藩的大叔怎么尽说些莫名其妙的话？"这时，大久保利通匆匆从马关赶来了。他告诉西乡久光已大发雷霆，要求西乡马上回去。当时，大久保还说："我很理解你的心情。如果你无论如何都不愿回去，我就陪你一起死。"

西乡看着大久保，为他的情义感到高兴。至于大久保当时是不是真的为了情义而将组织的规则置于脑后，完全站到了西乡这一边，我们不得而知。不排除他看透西乡的性格而演了一出戏的可能性。那时的大久保是有野心的，还有很多事想做，不太可能为这么点小事而与西乡一起自杀。大久保是个组织规则至上的人，同时也在乎"做什么"。他赞同岛津久光的目标，他相信这可以提高萨摩藩的威望。这同时也是大久保实现再度飞跃的重要一步，所以，哪怕需要牺牲西乡，他也要争取达成目标。

结果，西乡妥协了。他说："我愿回马关。不管受到什么处分，我都不后悔。谢谢你来接我。"他还真诚地道歉，承认自己不对。相比之下，大久保反倒不淡定。

盛怒中的久光宣布这次要把西乡作为犯人流放远岛，于是西乡开始了第二次受难。

西乡遭受这样的惩罚，归根结底是因为他不重视"做什么"，而在乎"是谁说的"。这个问题放在现在的组织里也是一个相当复杂的问题。职场也是由人组成的，必定有"值得学习的人"、"可以推心置腹的人"以及"应该教导的人"等三类人。特别是对于让自己学到东西的人，人们往往怀着敬爱之情，进而形成超乎职场之外的关系。可以说，正因为有这种关系发挥着润滑油或中和剂的作用，日本社会才保持着强烈的组织秩序感。

西乡就是扮演这种"润滑油"或"中和剂"角色的达人。不过，很显然这次他失败了。这是因为他面前出现了已经在萨摩藩扎根的强大的组织规则。这必然意味着重视"是谁说的"的人失势，而重视"做什么"的人得势。具体说来就是比起西乡隆盛，大久保利通更吃香。这一时期的大久保跟岛津久光走得很近，且大久保并不认为这有什么不好。他是天生的组织者，在组织中如鱼得水。最重要的是他深知组织的力量。他认为如果身处下层，无论怎么呼喊，无论怎么摇草帘旗①呐喊，也成不了事。他坚信要做自己想做的事情，就必须跻身权力中心。这是他与西乡隆盛的根本区别。

代表权力的大久保

明治国家建立后，政府阁僚经常开会。关于大久保出席会议有这样一个传闻。大久保利通不在会议席上时，众高官一团和气地开玩笑、闲聊。但是，在大久保利通进入会场的瞬间，有如闪电划过，全场气氛顿时紧张起来，没有了笑声，更没人敢开玩笑了。曾经有人描述说："这不仅仅是大久保自身的性格使然。大久保的入场令人感觉简直是权力本身降临了。"

此话一语中的地点出了大久保利通的性格。大久保一手掌握着明治政府的大权。他坚信"只有这样，新诞生的明治国家才能发展"。不过，他绝不只是凝望远方。很多认识大久保的人都觉得他从不向世人展示远大的计划，相反，他力求切实地处理好身边的每一件日常事务。他的做法是积小成大。

大久保待人处事非常谨慎、理智，总给人一种冷漠的感觉，

---

① 草帘旗：将草帘挂于竹竿等做成的旗帜，用于农民起义或示威游行等。

用现在的话说就是很高冷。这是他与西乡很不一样的地方。

大久保管理组织的手法是独掌大权，仅在自己可监管的范围内授予部下有限的权力。对他而言，最重要的是明治政府这一组织。为了发展壮大这个组织，他不知花了多少心力。

重敲重响， 轻敲轻响

相比之下，西乡从未一手掌权。他主张"自己的事情自己做"，可以说他重视个人自治或组织自治。例如，他后来受胜海舟之托，接收无处可去的坂本龙马等神户海军操练所的学生，不久后任由他们结社，成为走私团伙。这个走私团伙叫龟山社中，后来发展成海援队。西乡为他们提供资金，还给了他们相当多的业务。但是，西乡从不插手他们的管理运营，完全交由队长坂本龙马负责。坂本在龟山社中和海援队的规约中声明"本队由脱藩人士组成"、"组织的经费来自利润"等等，也就是说，他不想要附加条件。这多少有点自大，但西乡却能容忍。这意味着该组织管理运营的权限被大幅度地交给了坂本。正因如此，坂本得以自由发挥，而这在不久后又成了结成萨长联盟的契机。

当时，长州藩成了全日本的公敌，背负着朝敌的污名，不得不迎战征伐军。长州藩也坚定了举全藩之力迎战的决心。他们想要武器，尤其想要外国的武器，但当时的长州藩购买不了。西乡让龟山社中以萨摩藩的名义购买，再卖给长州藩。在这点上，可谓委以了坂本极大的权力，没有相当的肚量是做不到的。

西乡总是很信任对方，他的信条"宁可被骗，绝不骗人"，感动过很多人。连饱经世故的坂本都被打动了，他说西乡"重敲重响，轻敲轻响"。

坂本这话看似不可思议，甚至不合逻辑，但形象地描述了人被道理之外的因素打动的情况，一语中的地指出了西乡的人格魅力，正所谓"人生感意气，功名谁复论"。在这个意义上，可以说西乡是各种不合逻辑之关系的综合体。他拥有不可思议的能够打动人心的魅力，这便是人们称为"感动"的情感，能源源不断地给人带来温暖。其深层还包含"我很理解你的痛楚"的同理心，这越发令对方难以抗拒，以至彻底被感化。这种彻底感化就是组织中常见的人际关系的不可思议之处。一个组织的维系离不开这种看似不合逻辑的关系。否则置身其中的人便与机器人无异了。

彻底下放权力

再来看看西乡下放权力的另一个例子。朝敌长州藩降伏后，西乡把处分交给长州藩自己落实。当时，讨伐军的气势正盛，关于长州藩的处分的方案相当严苛：要求长州藩主父子递交亲手签名的谢罪书；没收长州藩领地，分给天皇和有功的大名；将长州藩驱逐至东北严寒之地；战犯当然必须斩首。

西乡起初也支持这个方案。但元治元年（1864）九月十一日与胜海舟密会时，胜海舟对他说："当今形势不允许无休止的内战。欲对付列强，首先必须增强日本的国力。为此，必须忘记德川幕府，由新的大名联合起来建立共和政府。长州藩也应成为其中一翼。若将其击溃，便赔了夫人又折兵。"西乡听后瞠目结舌，惊讶于胜海舟的远见卓识，迅速改变了自己的想法。他写信给大久保利通，说了许多激越的话，诸如"今后应建立共和制。如果幕府不接受共和制，那就应该打倒"等等。西乡又劝征长军总督："长州之事交由长州处理。"这令总督大吃一惊。不过，当时讨伐军全军疲惫不堪，而且各藩内农民暴动此起彼伏。因为各藩通过征税筹措巨额军费，农民痛苦不堪。想到本藩内出现的暴动，大家都不愿一直攻打长州，都希望撤退。所以，总督也赞成西乡的方案。在长州藩落实了两个条件之后，即藩主父子递交了谢罪书，将战争责任人的首级交到总督面前后，西乡劝说总督，解散全军。由此，西乡把讨伐军的权限也大幅下放给本应被讨伐的长州藩。对长州藩而言，虽非可喜之事，但好歹得以宽大处分。这在后来成为长州藩与萨摩藩联合的一个契机。此前，高杉晋作等人还在木屐底下写"萨贼会奸"，穿着践踏，而现在他们对萨摩藩也逐渐友好起来。当时对长州藩的宽大处分，为后来推翻幕府、实现明治维新保存了强大的力量。

非同寻常的威望和资质

综上所述，西乡确实更重视人情，在乎"是谁说的"胜过

"做什么"，而且从不独揽权力，总是大幅度放权。这一点上，西乡与大久保迥然不同。后者重视组织的规则胜过一切，在乎"做什么"，并竭力揽权。

如此概括起来，难免令人产生一个疑问：感性的西乡是不是完全不具备重理性的人所拥有的素质？正如本章开头所写，现代企业经营者最重视的是预见力、信息力、决断力、行动力和体力等，那么西乡是不是完全不具备这些能力呢？事实上，西乡充分具备这些能力。他预测未来的能力甚至无人能敌。

幕末时期，他敏锐的洞察力发挥了极大作用，不断地为其所属的组织加分。前文提及的征伐长州、灵活运用龟山社中和海援队、萨长联盟、讨幕战争等，无一例外都是如此。而且，他不仅拥有敏锐的预见力，他建构的人际关系网更是无与伦比，带来了质和量都非同一般的信息，也发挥了巨大的作用。要看清方向，首先需要信息。但信息不会主动送上门来。有些人能收集到信息，有些人却收集不到。这是因为提供信息的人会看对象，也就是说，人们常常会判断"这个人值不值得我为他提供信息"，或"给他提供信息会给我带来什么利弊"，等等。

西乡总能收集到无限的信息，而且也确实拥有出众的决断力。虽然他经常陷入危机，但总能摆脱困境。这是因为他善于利用信息预见事态发展，做出决断。从幕末到明治维新，他的许多事迹都是凭借其出众的决断力实现的。

同时，他的行动力也是大家有目共睹的。他总是率先行动，从来不会在说一通大道理煽动人心后，自己退守安全的后方，更不会事后诸葛亮地评论他人的行动。他一直都是个实践者，而非评论家。而且，他相当有体力。虽然那么壮硕，行动却相当敏捷。虽然后来因病重而行动不便，但年轻的时候却截然不同。

由此可见，现代经营者所重视的预见力、信息力、决断力、行动力和体力等，西乡都具备。除了体力，这些能力的发挥都需要相应的知识储备，西乡无疑拥有相应的知识储备。所以，西乡绝不是单纯地富有人情味的人，他同时也是理性的人。这正是西乡身为领导者的优秀之处，同时也是很多人敬爱西乡的原因。套用漱石的话来说，就是"依智而动但不棱角突立；任情而为但不迷失自我"。可以说，他在"理"和"情"两方面都拥有出众的资质。在这一点上，大久保利通偏理性，难免给人以冷漠无情的感觉，与西乡相比，较难获得普通大众的人气——这么说可能会激怒大久保的崇拜者。

可以说，西乡同时兼具战国时代三个英雄的优点：织田信长的行动力，丰臣秀吉的人气，以及德川家康的谨慎和坚韧。所以他直至后世都拥有非同一般的人气。

第五章　应对危机的哲学

在其位尽其力

　　危机的应对，组织必须重视，个人也要直面。尤其对身处组织之中的人而言，这是需要时刻注意的问题。公司职员的危机有时以高升、降职或停职等形式突然降临，如何渡过这类危机是非常重要的问题。这不只是个人的问题，如果有家人，还会波及家人。家人有可能不理解、不同情，甚至质疑："他此前到底在做什么？"家人不了解职场，把他当作唯一的依靠，反而容易消极地担心他做得太差劲，或太不善于应对职场。在这一点上，职员往往是孤独的。在工作的战场上拼得精疲力尽，回到家中又得不到理解。无论累的真正含义还是受到的伤害，都得不到真正理解，顶多得到些无关紧要、不痛不痒的安慰，例如"一个人胡思乱想也没用，好好睡一觉，把它忘了吧"，等等。

西乡隆盛曾多次身陷危机，这些危机与其人生态度有着密切的关系，可归因于他重视人情胜过组织的规则。日本的组织有个恶习，那就是比起做的事情本身，更重视做这件事的主体或说的主体。西乡也非常重视后者，他还厌恶难免尔虞我诈的组织形态。这与西乡的性格或人性有关，而且他并不想改变这种性格。

他在京都开展拥立一桥庆喜的工作，失败后携志同道合的京都僧人月照逃回鹿儿岛，一同投水自尽，结果，月照身亡，他则被流放远岛。

刚到岛上时，他称岛上的人为"毛唐"。也就是说，把岛上的人视作外国人，而且看不起他们。原因有二：

其一，被流放岛上的西乡当时满怀愤怒和悔恨，同时也感到屈辱。最主要的原因在于西乡敬爱的主公兼恩师岛津齐彬急病身亡，萨摩藩政府被久光派占据，西乡不仅失去职位，也失去了立足之地，被流放远岛。

其二，与志同道合的月照一同投水自尽，结果月照身亡，自己却还活着，这令西乡感到无比羞愧。他简直不知道该如何缩起自己庞大的身躯以逃避这种羞愧感。刚到岛上时，西乡头脑中还满是京都的活动、岛津齐彬和月照的音容笑貌、岛津久光的可恶形象。因此，面对此前从未注意过的岛民，西乡感到烦不胜烦，甚至愤慨道："如此急剧变化的时代，这些人竟然这般慢吞吞地度日?!"

另外，作为萨摩藩这一管理机构或监督机构的人员，西乡虽对岛民怀有同情之心，但并没有特别的感情。这一时期，西乡并未被视作犯人，还享有藩政府的俸禄——六石大米。量虽少，但也够西乡吃。当时岛上居民无一人可以吃上大米，所以岛民都很敬畏西乡。西乡则是站在较高的位置上往下看岛民的，不能说毫无歧视。

不过，岛上的孩子改变了西乡的看法。孩子们天天到西乡处玩耍，偷看西乡，小声议论西乡。起初，西乡只觉得很吵。这期间，岛上的实权人物几次来找西乡，拜托他"教孩子们读书识字"，西乡拒绝道："毫无兴趣。"这是因为西乡怀疑他们想利用自己向萨摩藩政府转达岛民的心声。由此也可见西乡当时的心态确实不太正常。其实岛民丝毫没有这样的想法。确切地说，他们对减轻萨摩藩长年征课的苛捐杂税已经彻底死心了，更何况拜托戴罪之身的西乡也无济于事。所以，他们是真心想请西乡教孩子读书识字。西乡后来也渐渐明白了这一点。

西乡于是开始答应他们的请求。孩子们喜欢接近西乡，西乡也很快便喜欢上了孩子们。孩子成了连接西乡与岛民的媒介。对于萨摩藩政府向岛民征课的苛捐杂税，西乡开始为岛民感到义愤不平，并再三通过该岛的官吏向萨摩藩政府发出抗议。岛民被他见义勇为的行为深深打动，对他的好感进一步增强。

西乡先后两次被久光流放。第二次流放时，先被流放德之岛，后又被流放到冲永良部岛，没有了第一次的待遇，还被视为犯人，被关进特制的牢房。但他忍耐着，因为已经在奄美大岛流放中历练过了，这时西乡的心态非常沉着淡定。既然是无期流放，再也回不了鹿儿岛，西乡决心尽自己所能，为这个岛的居民做些事。他的心意打动了岛上的官吏，打开了岛民的心扉。岛上官吏冒死帮助西乡，让他活了下来。这就是西乡常说的"坚守真诚"、"尽人事"的表现。西乡这种不带算计的真诚态度，深深地打动了岛民。

可见，西乡面对危机采取的对策是"在所处的位置上尽最大的努力"。"尽最大的努力"就是不计较得失，不去精明地计算怎么做会得到怎样的结果。他彻底去除了这种世俗的功利心。这种无欲无求、全力投入的态度深深打动了岛民的心，最终又跨越海洋打动了萨摩藩政府的人，超越空间限制，搭建起了桥梁。西乡一生多次身陷危机，每次他都以最真诚的态度面对，并"尽量做好身边的每一件事情"。

助 人 为 乐

没有乐意降职的职员，也没有喜欢降级的傻瓜。谁都难免因此懊恼、叹息乃至痛苦，并回顾过去，思忖"怎么就成这样了"，或者自责自己有什么不对之处，或者厌恨周围的人。

有些人还可能反思自己的为人处世有问题，诸如"问题是不是在于固执己见、不迎合上司的姿态"等。常见的情况是，怎么也想不明白，只能寄望于早日摆脱这种降职、降级的状态，回到原样。

组织也是人的集合，有升必有降，人事变动在所难免。高升之人喜不自禁，降贬之人不胜叹息，这正是人事变动牵动众多职员之心的原因所在。

有些人被调到地方上后，被人议论说一心只想着回总公司，有事没事总去总公司，还不忘表达："真希望能早点回来。请务必多多关照。"

在被贬之地待不住是个问题。总是抱怨被贬职，就意味着现在所处的职场较差，从上面的职场看来，就好像是流放之人的流放地，这在某种意义上可以说是对新单位的普通同事的轻视。职场本来不应该有这样的差别，本来应该哪里都一样，但实际上却有上位下位之别，高升左迁的意识，这其实是人心理上总是觉得人和人有所不同。毕竟，人这种生物就是想要分个三五九等。

倘若不幸遭遇左迁、降级等情况，我们应该向西乡学习，在新的环境中，努力为周围的人做力所能及的事情。这种努力终究将回报到自己身上。

职场正如一片草坪，难免有的地方郁郁葱葱，有的地方仅寥寥可数的几棵草。所以，大家都很在意人事变动，在意高升还是降职。不过，换个想法世界就不一样了。如果自己去的地方没什么草，可以努力为后来者多种些草。这是对后来者的关心，是人本该有的善意。自己伤痛过，更能理解他人的痛楚。如果光考虑自己，拔去仅剩的一点草，使草坪彻底荒芜，或者与周围的人恶斗，那就愚蠢之极。在那儿工作的人也是人，同样有感情。如果这些人对你说"这儿是流放之人的收留所"，你又会是什么感受呢？

西乡隆盛深知这个道理，所以，虽然他起初称岛民为毛唐，但逐渐被岛民感化了。他将心比心地对待岛民。这种心态很重要。如果始终视该岛是"流放岛"，就会保持"这儿的人是毛唐"的轻蔑态度。

西乡的两次流放体验，无疑包含了与自己的斗争，即与自己原有的地域观和人群观作斗争，努力克服原有的"这儿是贬谪地"、"这儿是流放地"的观念，并且成功地做到了。

从长远看，对身处组织中的人而言，降职降级也是宝贵的经验。降职降级，有时可能是不当的处分，有时则可能从组织规则或他人的观点来看是合理的，只是自己尚未意识到。这种情况下，自己的逻辑即个人的逻辑是行不通的。这并没有善恶之分，只是观点与观点的对决，这种对决能促使人努力探究新的想法。新想法的产生正是一种自我变革。如果固执己见，认定自己绝对没错，那么老天也帮不了你。人终归需要自我变革。展开自我变革时，最重要的是"自己的行动能帮助到别人"。如果没这种觉悟，无论如何努力改变自己，最终只能流为单纯为满足一己之欲的改变。这种改变无法打动人心，得不到支持，容易陷入孤立无援的境地。如果越发偏激地迁怒于周围的人，终将失去同伴，成为精神上的孤儿，视全社会为敌，加速缩小自己的生存空间。

要注意的是，自我变革并不意味着改变自己的根本，或卑屈地讨好那些令自己陷入困境的人。西乡隆盛绝不会那么做。

他一直坚持自己的自我认同。他得到取代已故岛津齐彬成为实权者的岛津久光的赦免后，并不因此而卑躬屈膝地感激他。

他从岛上回来后，首先前往的是旧主齐彬的墓地。虽然明知这样做会激怒岛津久光，但他并未因此而屈节。对于尊敬的人，即使对方已经离世，西乡也一直心怀尊敬之情。对于久光的计划，也直言不讳地说出自己的看法，根据自己掌握的信息，做出预测，坦率地说出自己的建议。

这一点上，西乡并不卑躬屈膝地妥协，他一直坚守心中的自我。可以说，这种坚守也是现代职员所必不可少的。

我们也有必要经常确认自己的主体性，坚守自己的主体性，在高升或降职的位置上，努力多种一棵草，成为改善该处的核心力量。西乡在两次的流放中践行了这一点，他绝不一味哀叹时运不济，更不迁怒于周围的人。他渡过危机的好方法就是与流放地的人打成一片。这种方法对现代的我们仍然有重要的参考价值。

第六章　人生哲学——西乡语录

西乡的人生哲学

史上的英雄豪杰往往有言行录传世，西乡隆盛同时代的福泽谕吉（1835—1901）和胜海舟等也撰写了大部头的自传和言行录，西乡却未曾写过这类东西。也许对他而言，比起刻意撰写的文字，平日的言行举止更称得上言行录。

前文也已提到一本名为《西乡南洲遗训》的书，此书源于旁人的记录，而非西乡亲手所写。庄内藩（以山形县鹤冈市为中心的旧酒井家的领地）在戊辰战争中以新政府为敌，多亏了西乡才得以从宽处置，因此对西乡的恩德感念万分。明治初年几个庄内藩士心怀感激之情来到西乡所在的鹿儿岛。当时，西乡蛰居于简陋小屋，以狗为伴，耕田种地，过着一介农夫的生活。庄内藩士便陪伴在旁，与西乡共起居，师事西乡。他们记录西乡的话语，后来辑录成《西乡南洲遗训》。

这本遗训共 41 则，另有几则追加。笔者从中挑选出适合现代职场人士的内容，改写成现代白话。笔者力争浅显易懂地介绍西乡语录的精华，但毕竟原文是现场听闻西乡口语所做的记录，要改写成现代白话，还真有相当难度。不足之处，还请各位读者见谅。

领导要适时而退

　　　所谓政治，须顺应天道而行，不可挟夹私情私欲。遇到比自己更用心为民的贤人，要有主动将职位相让的气度。中国古话说："德懋懋官，功懋懋赏。"

这段话主张担任领导之职的人，如发现比自己更有领导才能的人，要能够大方地把职位让出来。这不仅适用于政治，也完全适用于普通企业。

中国古代思想家孟子曾说过，领导者一定要有德。如果无德，就应该大方地把职位让给他人，和平地进行职位更替，这叫禅让。如果有人德不足以胜任原职，却恋恋不舍地赖在原位，他人就可以用实力赶走该领导者，这叫"放伐"。

映入鹿儿岛的西乡眼中的是，中央政府的高级官员占据着高位，沉溺于奢侈生活。他太了解这些人了，所以发出这么严厉的批判，并说出了自己的看法。

不过，西乡的主张现实中很难做到。人与组织或工作与组织的关系，是无法完全依从理论展开的。帕金森①说，工作这东西，只要有人就一定会产生，绝不会减少。这个规律同样适用于权力。人一旦体验了权力的便利之处，就如同恶魔沉醉于美酒之中，难以放弃已有职位，这会给民众带来沉重的负担。这是身处鹿儿岛一隅的西乡在耕田种地的同时一直关注的。这段话也正是出于这样的感想而发的吧。

领导者应该努力做大家的楷模

位于万民之上者，应慎己，正品行，戒骄奢，勉节俭，勤职务，为民众之楷模。下民若不感其辛劳之苦，则政令难行。而如今，国家草创之初，却有不少人饰房屋，着华服，拥美妾，敛钱财。维新之功业如何能成？如今看来，戊辰义战简直成了营私之战，无颜面对天下，面对战死者。

这是西乡偶然有感而发的话。这段话不仅对政治家而言，对一般的管理层而言也是重要的提醒。引领众人的人，首先必须严于律己。否则，拥有再了不起的言论或丰功伟绩，都将前功尽弃。如果领导光口头上说得好听，实际行动却截然相反，则必然失去大家的尊敬。以前也有不少商界人士自身生活简朴，却热心为公众服务。

---

① 诺斯古德·帕金森（1909—1993）：英国著名历史学家，一生著书 60 余本，最著名的是《帕金森定律》。这本书让他在公共管理领域也享有盛名。帕金森定律表明：只要还有时间，工作就会不断扩展，直到用完所有的时间。

不为儿孙敛财

> 几历辛酸志始坚，丈夫玉碎愧砖全。一家遗事人知否，不为儿孙买美田。

这是西乡隆盛遗训中最有名的一段，因"不为儿孙买美田"而广为人知。在此值得注意的是，作为前提，西乡指出了男人应有的成长方式：不经历艰难困苦就难以成才。逍遥自在地成长并走上精英路线的人，由于总是走在阳光下，难以真正理解人间疾苦，意志也往往较为脆弱。西乡大概想起了自己的各种经历：先后两次被流放远岛，而且此前为岛津齐彬赴京都活动却惨遭失败，与志同道合的月照逃往鹿儿岛，并一同投水自尽。

既然历经磨难其志乃坚，那么与其像砖瓦一般长寿，不如像玉石一般碎去。不过，西乡自身并没有玉碎，他想说的是为了做成大事必须要有不怕死的决心。只要怀着不怕玉碎的决心勇往直前，必然能开辟出一条道来。这是他亲身践行多次的经验之谈。他说不给子孙留财产的同时，还坚定地对听者说："如果我有违此言，你等可马上离弃我。"

小人也有可取之处

人才任用方面，倘若君子小人之辨过于严苛，难免带来弊端。因为自有人世以来，十有七八是小人。如果只挑选君子，小人便无处工作，社会也将面临人才严重不足的问题。所以，用人要尽量做到适材适所，对小人的才能充分加以利用。我的老师藤田东湖先生曾说过："小人也有小人的才艺，能给我们带来很多便利，必须加以利用。不过，务必注意的是，小人有其局限性，绝不能将小人放到重要的职位上。如果将小人安排到高层，弄不好连组织都会被颠覆。"

西乡在此阐述了适材适所这种发掘人才的观点。从中我们可以看到他对所谓的小人的感情。他认为不应对人采取筛选主义。不管怎样的人，总有其可取之处，发现其可取之处并充分加以利用非常重要。

但是，急功近利的领导者一般不这么做。他们往往会先明确地把人划分成行和不行两类，看不起不行的人，甚至通过人事变动将其调离。这种领导者没注意到小人的才能和优点，明明是自己缺少善于发现的眼光，却认定某人不行，现实中这样的领导还相当多。身为领导，不能用好小人，是一种欠缺。小人也有小人的才能，如果领导没能发现，那就应该努力提高识人的眼光。

这一点正如人们常说的，评价一个部下，不能只看"他在做什么"、"他做了什么"，还应该用心关注"他能做什么"、"他想做什么"。西乡采用的正是这种人性化的评价标准。

宁可被人骗，也绝不骗人

行事必须走正道，以至诚之心推进，绝不能欺瞒诈骗。

人们做事遇到难关，往往想以诈谋突破障碍。但是，这样做即使能换来一时的顺利，也必将带来副作用，最终搞砸整件事。所谓正道，往往看上去要绕远路，但从结果看却是最好的捷径。

这是西乡隆盛的人生信条之一。他本人非常厌恶欺骗行为，宁可被人骗，也绝不骗人，并由衷地认为只有这样才可能幸福。这是因为他心中总是相信天理。他知道人会骗人，但天不会骗人，骗人就是骗天。所以，他一直严格自律，绝不做自欺欺人之事。

可悲的是，这样的律己也只有西乡隆盛这样的人才能做到。现代社会人心浮躁，各种处世术备受吹捧，人们往往很难坚守原则。所以，西乡的话也只是理论上可行。诚然，能坚持这样的人也不少，但这样的人通常会在组织内吃亏。西乡认为老天有眼，即使暂时吃点亏，只要诚实不欺地待人，业务精进，一定能得到回报。这种想法看上去有点迂阔。现实中到底能不能得到回报，很难保证。因为如今的世道，对坚持这么做的人，或坚持正道的人，往往敬而远之。

"和魂洋艺"的方针

当今盛行学习西洋、引进西洋的一切的风气，这值得商榷。我认为还是应该坚持"和魂洋艺（才）"的方针。即先明确以日本为本体，再逐步引进欧美先进之处。如果

121

一味追求欧美风气，彻底改变日本，终将失去日本这个最重要的本体，遂对列强言听计从。

从这段话可以看出，西乡并未忘记从横井小楠、胜海舟和坂本龙马等人那里学到的"和魂洋才"的方针。进入明治时代后，新政府的口号是"赶上欧洲，超过欧洲"。当然，提倡这个方针的大久保利通等人，是在充分了解外国，并保留西乡所说的本体的基础上，提出活用欧美先进的科学知识和技术。但当时很多日本人的想法过于简单，听到"赶上欧洲，超过欧洲"，就认为是将对方的一切完全引进日本。不难想象西乡看到这样的风潮，有多么难过。

这个道理也适用于当今的商业领域。抛弃日本优良的东西，一味地模仿欧美，将得不偿失。例如，日本式经营其实有很多值得我们重新学习的地方，但有些人忘了日本这个主体，觉得日本式经营必须破坏，这是非常可惜的。在这个意义上，西乡的这段警告也适用于现代的日本。

开发之前必须回答"为什么"

科学技术的开发，首先必须明确报国勤家之道。开通电信，铺设铁轨，制造蒸汽动力机车……这些确实令人耳目一新。但是，必须先向民众说清楚为什么要有电信，为什么要有铁路。如果不说明清楚，国民将盲目地为开发而开发。更何况一味地羡慕外国的强大，不论证利害得失，从房屋的构造到玩具，无不模仿外国，滋生奢侈风潮，浪费财力物力，必将导致日本国力疲软，人心流于浮躁，最终将耗尽日本的财富。

这段话紧接前一段，不再另加解说。

绝不允许欧美列强入侵

文明是指"道"备受推崇，而不是指官殿的庄严，衣服的华丽，外观的浮华。当今社会，很多人不太清楚文明到底是什么。有一次，我说西洋很野蛮，听的人气愤地质问我为什么说西洋野蛮。我回答说因为现在的西洋没有道。对方又问为什么说没有道。我回答说，如果有道，如果是真的文明人，就不会对后进国家做出那么残忍的事情。对方终于沉默了。

西乡说的应该是当时欧美列强对中国及其他亚洲国家采取的殖民政策，特别是英国对中国发动的鸦片战争。

在这一点上，西乡绝不是国粹主义者，如前文所述，他主张在坚持本体的基础上，在技术、应用的层面上引进外国先进的科学技术，是一种有选择的活用。

如果财政压倒一切，国民多奸诈狡猾

财政过于紧迫时，往往会起用有这方面才能的人，并视精于理财的人为能吏，令他们想尽各种手段搜刮民脂民膏。民众因此痛苦不堪，想方设法摆脱苛政，遂渐趋奸诈狡猾，甚而上下互欺，官民成仇。可见，财政不足便起用有点小聪明的狡黠之人的做法值得商榷。

这段话并不限于政府机构，也适用于企业组织。如果企业因财务困难而采用权宜之计，以实现资产负债表平衡为经营重点，便将导致全体员工畏缩不前，无法做出好的规划，最终失去客户的信赖。

外交的准则在于诚心诚意

外交必须依循正道，即使赌上国家前途也在所不惜。在强大的对方面前，不可因畏惧而圆滑行事，曲意逢迎，否则受辱更甚，终将导致关系决裂，受制于外国。

正如主张"和魂洋艺（才）"所反映的那样，西乡尊重一切的"道"。他认为凡事应依循正道，即使赌上国家前途。套用到商务领域，就是应该心怀诚意，如果信口开河，采取权宜之计，终将失去信用，被客户抛弃。这个观点也适用于销售。不过，现实中如今的企业很难在销售中坚持正道，只能看从业人员的人品了。

在职场中发现值得学习的人

听不得逆耳的话，是因为把自己当作完人了。

这话真是一针见血。西乡曾说过，如果上面的人和下面的人都说你好，那就很难出业绩。认识到自己不完美，才懂得倾听部下，可惜世上少有这种领导。不少领导虽然口头上让大家有什么话都尽管说，尤其是不动听的，事实上，如果部下信以为真地提出诚恳的批评意见，他的脸色便会越来越难看，乃至脸部肌肉抽动，目放凶光，到最后也许在腹中大骂："你这个混蛋，尽情地说吧。等着瞧，下次人事调动，我非把你调离不可……"这种领导就是把自己看得太好了，简直把自己当作完人。其实，商业社会中，也非常有必要发现值得自己学习的人。而且，值得学习的并不限于年长或职位高的人。在那些比我们年轻且职位低的人中，也可能有值得学习的人。

事在人为

无论制定了怎样的制度，组建了怎样的组织，事情最终还是要靠人运作。首先必须有人，然后才有方法。在这个意义上可以说，人是世上第一宝。处于上层的人尤须铭记这点。

提升自我即战胜自我

人们常说，如今是终身学习的时代。人必须活到老，学到老，不断提升自我。西乡曾一语道破：提升自我就是战胜自我。而且，他把战胜自我后的理想形象描述为"无臆无必无固无我"。

西乡视为克己之终极目标的"无臆无必无固无我"，出自

《论语》，其意为：不过度自信，不主观臆断，不让个人利害介入判断、影响决定。也就是说不固执己见，顽固坚持自我。西乡曾说过，做事业之人，往往在顺利完成七八成后，败于最后的两三成。这是因为人往往在刚开始时能抑制自我，谦虚待人，但随着事业顺利发展，便容易夸大自己的业绩，自我膨胀。

克己在于日常小事的积累

克己不在于标榜高远的目标，高歌猛进，而在于日常生活或职场中，将身边的小事一件一件处理好。这正如人逐渐适应天气的变化。

敬天爱人

人们常说"行天道"，"行天道"的终极目标便是敬天。我们应该牢牢记住，天是公平的，爱自己，也爱他人，推己及人。

这是西乡语录中最有名的一句。这是他历经冷遇、流放远岛、痛苦呻吟之后达到的境界。也许是流放孤岛时在对夜空繁星的仰望中领悟到的。

真正的对手是天，不是人

我认为我们做事时，真正的对手是天，不是人。如果能这样思考，就不会一味地从自己的角度出发，抱怨他人，而能意识到自己还远远不足，并谦虚谨慎。

对自己的爱应该适度

只懂得爱自己，绝不是好事儿。只懂得爱自己往往导致学问上不精进，事业上不成功，不能改正错误，一味地夸耀功绩，骄傲自大。对自己的爱应该适度。

反省是前进的推动力

意识到自身所犯错误后，不必太纠结于错误，而应迈出步子向前走。总是为过失闷闷不乐，担心被他人知道后颜面尽失或名誉尽毁，一个劲儿地向他人解释情况，这其实是最糟的做法。举个例子，如果把碗摔碎了，无论怎么补也是补不回原样的。一味地自责当时不够小心，收集碎片想要修补回原样，终究于事无补。反省也要适度，如果不适可而止，结果只能是白白苦了自己。

无欲之人是世上最可怕的

如果一个人不惜命、不贪名、不贪财，也不想当官，别人是很难对付他的。若非这种难以对付的人，难以成就大事业。这种人非常难得，他们什么都不要，并不是单纯的无欲无求，而是时刻行正道，因为走在正道上，所以非常自信，不需要别的东西。我们应该多录用这样的人。

行正道者不在意他人看法，也不故作姿态

行正道者，不因天下人批判而不满，也不因天下人赞颂而自满。因为他们相信自己，相信自己所做的事。他们不故作姿态，不刻意做改变大家看法的事情。他们谨慎地做好自己相信的事情，所以对自己充满信心。

职场人士通常可分为两种。一种人净盯着光鲜亮丽的工作，博取他人赞赏，追求荣升；另一种人则甘居不显眼处踏实做事。组织中备受好评的往往是前者。人们常说"野无遗贤"，而事实未必如此。气场比较强，比较善于表现的人更容易吸引大家的注意，容易误导人。本来应该如西乡所说，对于那些行正道，为了更多的人的幸福而牺牲自己，勤勤恳恳地工作的人给予更高的评价。

高谈阔论却不付诸实践，与旁观剑术无异

学习过去的圣贤不能只学道理。朱子也曾说过，无论话说得多么漂亮，看到白刃就逃是没用的。身在现场就不能只做个旁观者，既然讲了道理，就必须亲自实践。否则

无异于观看剑术比赛时，旁观者清地说了一大堆，一旦被叫到上场践行自己刚才所言，便立马逃跑。这是懦弱的表现。不能落实就不应该说大话。

机遇和侥幸不同

很多时候，人们说的机遇其实只是侥幸。真正的机遇，以尽天理、行正道、明运势为前提。如果平时不带着真诚的心关注世事，只因偶遇时机暂时顺利，那绝不算机遇来了，不过是侥幸罢了。遗憾的是太多人混淆了二者。

这又是逆耳的忠言。我自身也常常混淆机遇和侥幸。西乡所说的机遇，充满了苦涩，是朝着目标努力奋斗，终于争取到的机会。这是当事人流血流汗换来的，合情合理，也是预料之中的。

单靠才智完成不了工作，更改变不了世界

现在有些人认为只要有才能、有知识，就能顺利做成事情。这是不可能的。那些依智而动的人常常让人为其捏一把汗，甚至不忍心看。光有头脑，而不身体力行，什么事也做不了。况且，驱动身体和手脚付诸行动的，说到底是才智深处的诚心。缺了诚心，手脚也会对头脑失望的。

君子之心，与自然融合之心也

有段时间跟随西乡先生驱犬逐兔，终日跋山涉水，不知疲倦。晚上投宿山谷农家。先生沐浴后神清气爽，悠然自得地说："君子之心，与自然融合之心也。"

西乡隆盛把《近思录》作为座右书，曾和许多同伴一起研读。他还精读过佐藤一斋（1772—1859）的《言志录》。听说他还读过《老子》。这里所说的君子之心与老子的心境相似，并非达到了出家人那种诸事随缘不执著的境地，应该是指努力奋斗的同时，偶尔体味这种悠然的心境也很重要。如果回到忙碌如战场的职场上，也能保持融入大自然时的心情，那便无论遇到什么事情都能从容应对。西乡这种调节心情的方法，对于上下班高峰期在拥挤不堪的电车中喘息、因职场的明争暗斗而疲惫不堪的职场人士而言，是一种不错的情绪缓冲法。

无论遇到什么困难，总会有好办法

有些人总觉得自己不善于思考，遇到困难便不知所措，很羡慕他人能处变不惊，从容应对，叹惜自己做不到。这种叹惜无济于事，要知道办法总比困难多，船到桥头自然直。无论多么困难，十有八九总是能做到的。相反，如果放弃，那就不行了。当然，也没必要凭一时高兴做某件事情。比如做梦，梦见非常好的事，早上起床后打算立刻去职场行动。然而，清醒后会发现梦中那么美好的事情，实际上却毫无可取之处。如果能结合自己的经验，相信自己，就能想到战胜困难的办法。

这对平凡的职场人士而言，是一种安慰和鼓励。确实，西乡所说的情况很常见。西乡自身也经历过从一介地方事务所书记员晋升至政府最高位的过程，也难免担心："我能否胜任这个职位？""这个位置是否超出我的能力范围？"西乡又是个谦虚之人，肯定曾无数次想过这样的问题。但是，事后看，他确实算胜任了，他尽职尽责地完成了本职工作，也并没有因此而骄傲。也许是因为他一贯坚信："即使遇到超出自己能力范围之事，只要竭尽全力去做，便能得到上天的帮助。"

从这个意义上讲，西乡从不认为自己是完美的、万能的。正因为不是完人，所以必须竭尽全力。至于不完美的部分，则会得到上天的帮助。而所谓的上天，就是周围的一切或无形的支持者。西乡如此用心努力，可见他把自己置于多么普通的立场。即使上升至高位，也决不忘记过去的事情。

这是他的"遗训"中追加的一条。接下来再介绍他的另一条追加。

多读中国的书

要想在"道"上追求极致，就要读中国的书。"道"是天地自然之物，没有东西之别。至少，想要了解多国对峙的形势，就应该看《春秋左氏传》，此外再看《孙子》更好。既可以了解那个时期的形势，也能明白现在和那时没什么不同。

现在人们还常说"如果无法预计将来，就回顾过去吧"，就是温故而知新。这个时代充满了不确定性，潮流在不断变化，商业社会不断出现前所未有的情况。要应对这些并非易事，最重要的是要有"先见之明"（预见力）。这需要信息。而信息社会中，信息的质和量都远超一个人所能承受的范围。毫不夸张地说，现在的职场人士都在信息的洪水中喘不过气来。这就有必要先判断到底哪些是工作真正需要的。

西乡拥有出众的先见之明。能看透很远的将来。他所依据的正是中国历史。中国有大量的历史书。所以，对于当时日本所处的境遇，萨摩藩的境遇，他很多时候能在中国的历史中找到类似的情况。西乡知道许多历史上的伟人当时是怎样应对的。当然，他并不是囫囵吞枣、流于表面的模仿，而是结合日本的实际情况，做了大量的分析思考。

信息爆炸的时代，除了中国的书，我们还可以翻看更多有关人类历史的书籍。这对我们了解大浪潮，看清大海啸上的小浪花，不无益处。

以上是我从中西乡语录——遗训集中挑出的一些供现代职场人士参考的语句。我在这本遗训集中感受到最强烈的一点是：

西乡眺望远处森林时，绝不会无视眼前的一棵小树。他在思考日本的出路的同时，绝不会无视具体的个人。而且，他并不以能力超群的精英为标准，而以极其平凡的普通人为标准。这是西乡爱人的方式，也是他的伟大之处。西乡经历的痛苦刻骨铭心，他的半生可谓伤痕累累，所以他深知"心痛"的感觉，他知道人在什么情况下会受伤、会痛。

这里所写的处世训绝不是处世技巧。西乡从来不说技巧这类的词，其言即其身，他从来不技术性地处理人生问题，他诚心诚意地把自己交给庄内藩士等。耶稣把自己的身体比作面包，把自己的血液比作葡萄酒。西乡在某些方面与耶稣相似。他自己率先承受人间的苦难，甘愿成为牺牲者。也正因为如此，至今还有很多人心中满怀对西乡的敬爱之情。西乡总是头顶荆棘之冠，身背十字架，承受着苦难。看到他随时可以赴死的态度，再恶的人也会被打动。西乡的末路交付给了下级士族这一限定人群，着实可惜。他最爱的应该是农民，他喜欢牵着狗在山野中奔跑。

第七章　向伟大的领导者学习

西乡眼中自己与大久保的差异

日语有个词叫"好敌手"（竞争对手）。所谓好敌手，往往既是敌人也是无可替代的伙伴。对西乡隆盛而言，最大的好敌手无疑是大久保利通。

西乡是被以大久保为最高负责人的明治新政府军打败的，对于败者西乡而言，大久保自然可谓敌人。另一方面，西乡与大久保的友情是实现明治维新所不可或缺的。他们彼此信任，互为最重要的朋友。如果用棒球运动作比喻，他们就是投手（西乡）和捕手（大久保）的关系。他们长年保持着这种绝妙默契，直到迎来明治维新。

不过，这对双雄在新时代的浪潮中渐行渐远乃至分道扬镳。蓦然回首，在大久保的领导权面前，西乡已然被冠上了"明治贼徒"的污名。

如果西乡隆盛和大久保利通在现代企业中担任领导者，他们会有何不同呢？西乡隆盛曾说过这样的话："我和大久保的差异，如果用房子作比喻，我善于推倒古旧的大宅子，重新建造新宅子。不过，我只善于搭建框架，不擅长内部细碎的活儿。大久保则无论多么细微之处，都能踏踏实实用心做。而我实在没有这方面的才能。不过，如果要再次推倒这座宅子，还是我更拿手。"

西乡推倒了德川幕府这座古旧的大宅子，并在日本建立起明治国家这座新宅子。但是，其后负责打理各个方面，使建立了明治国家的日本"赶超欧洲"的，则是大久保利通。从这个意义上说，这段相传出自西乡之口的话确实一针见血地指出了两人的差异。

让我们从"情"和"理"的角度来看看西乡这段话吧。西乡是独一无二的破坏者，大久保则是建设者。不可否认，搞破坏时以感情为动机的破坏力更强大；但搞建设时光靠感情是不行的，必须看清现实，一步一步扎扎实实地做。可以说，西乡是爱从远处凝望的浪漫家，有诗人的情怀。这也导致他不可避免地遭遇惨重挫折，甚至亲手推倒自己好不容易用石头垒堆的山，使一切归零。不过，西乡不会因此而沮丧，更不会怨天尤人。

他会自我反省，认为"一切都是天命，原因在于自己尚未尽人事"，并重新振作起来。与西乡不同，大久保属于认清现实并一步一步扎实行进的类型。明治维新后，很多认识大久保的人都说:"西乡有远大的浪漫情怀,大久保则没有。西乡会向大家展示远大的梦想,大久保考虑事情则以今天、最多明天为目标。两人截然不同。"

另一个区别是,置身组织之中,他们一个"重视组织",一个"重视人际关系"。置身于组织的人,往往可以分为"重视组织规则"和"重视人情"两类。西乡隆盛重视人情;而大久保重视组织,他尤其重视组织的力量,即权力。

在西乡看来,"组织的规则也可以因人情而变通";大久保则认为"组织的规则坚不可摧,是个人所无法逾越的"。这一点上两人也截然不同。

例如,西乡隆盛做事时,使用的最有力的方法是构建人脉。这并不是指一般所说的派阀,而是出于更高远的志向,积极寻找有共同追求、能一起做事的人,其范围远超萨摩藩,延伸到许多藩,甚至包括德川家内部。而且,他把世人分成三类。这三类分别是:

值得学习的人(师);

可以推心置腹的人(友);

应该教导的人(后辈、下属)。

重视能力还是尊重个性

西乡隆盛最早敬仰为良师的是萨摩藩主岛津齐彬。齐彬是当时非常开明的大名，对欧洲了解颇多。用现在的话说就是能够充分应对国际化、信息化。

身为萨摩藩主，齐彬经常思考的是："日本应该以怎样的姿态在国际社会立足？萨摩藩又应该做些什么？"如井底之蛙般终日烦恼于萨摩藩内纷争的西乡，被齐彬吸引到身边，并得到齐彬的指导。

齐彬发现西乡虽然像井底之蛙，却是难得的纯真青年，满腔热情如樱岛火山般炙热。用现在的话说就是，在齐彬眼中西乡是个"辛烷值很高的人"。西乡在齐彬的指导下逐渐觉醒，对他而言，齐彬不仅是主公，更是良师。西乡还通过齐彬认识了新的良师——水户的藤田东湖，结交了包括在藤田处学习的桥本左内在内的许多益友。与各类人才的交往使西乡隆盛的人脉如蜘蛛网般不断扩张。这些关系在后来发挥了莫大的作用。

西乡在鹿儿岛也和年轻的伙伴组建了团队，即《近思录》讲读会，后来发展为政治组织"精忠组"。从近思录派到精忠组，西乡始终是其领导者。当然，这并非西乡自己想要揽权，而是后辈恳请西乡领导他们。西乡就有这种人格魅力，即使默不作声，也会有人把他推到领导者的位置上。这大概是由于西乡总是热忱对待所有人。关于后辈和部下，西乡曾说过类似的话："有些领导者仅仅依据能力来评价人，我难以苟同。世人中十有八九都是凡人或小人物，能力超群者不过一二。如果只挑选一两个有能力的人，别的都舍弃不用，这个世界将无法正常运转。我认为倒不如用心发掘那八九个凡人或小人物的长处，加以培养。不能发现小人物的长处的领导者，绝不是优秀的领导者。"

组织中的普通人听到西乡的话，一定会欢呼雀跃。尤其是在能力重于一切的今天，想必不少职员都希望能遇上西乡这样的领导。

西乡与把能力看得比什么都重要的大久保很不一样，他主张无论怎样的人都有其长处，应该发掘他们的长处，与他们携手共进。西乡尊重个性，能把人心团结在一起。从某种意义上说，这也属于派阀。大久保则主张组织内不可以结成这类派阀，他认为归根结底组织需要的是有助于实现组织目标的个人能力，所以应该重视能力。

一般认为大久保成为明治政府的高官后，也依然没什么派阀意识。明治政府常常被称为"萨长阀"，但大久保自身并没有这种意识。只要有能力，即使其他藩的人，他也会加以重用。例如，伊藤博文和大隈重信（1838—1922）。伊藤是长州人，大隈是佐贺人。大久保说："我们既已同属日本这个国家，不再局限于萨摩藩、长州藩或佐贺藩，就应该以更广阔的视野，忘记过去的事情。"他这番话引起了鹿儿岛人的不快，特别招致了士族的愤怒，也成了西南战争的远因之一。

西乡隆盛说："无论多么讨厌的职场，都一定能找到值得我们学习的人、可以推心置腹的人以及应该教导的人。只要努力去发掘，再痛苦的职场也会不再那么痛苦。"

对此，大久保则认为："不对，不是那样的。要实现组织的目标，就不能牵扯进人与人之间的羁绊。应该干脆利落地将其斩断，一往直前。"

这是置身于组织的西乡和大久保的根本区别。大久保从不像西乡那样积极地在职场中发掘自己的老师、朋友或后辈。

他也许只想让他人"少废话，跟上我"。因为在西乡建立的明治政府这个全新的家中，大久保成了事实上的一家之主，他常常走在众人前面。对他而言，自己就是老师、朋友或后辈。

二人的可取与不可取之处

关于个人在组织中的处境，往往有两种不同的看法，一种认为："没个一官半职，什么事也做不了。"另一种则认为："普通员工才能畅所欲言，为所欲为。身为管理层的人，对上要阿谀逢迎，对下还要察言观色，一点意思也没有。真的没必要担任管理职务。"这是企业组织中不断被提起的论题。

西乡从未想要出人头地、飞黄腾达。他从始至终坚信："只要心怀诚意尽力去做，上天一定会有所回应，一定能开辟出一条路来。"

大久保则认为："没有的事儿！一个组织中越往上层越有力量。要做想做的事情，就必须掌握那种力量。"值得注意的是，大久保特地用"权力"一词描述那种力量。

萨摩藩多次因藩政经营政策和藩主继承问题起纷争。每次纷争都导致许多人丧命，以及报复性的人事处理。大久保利通的父亲也成了这种纷争的牺牲品，被流放偏远的喜界岛。大久保自己也遭到牵连，职位被剥夺，俸禄也停发。这是大久保不愿重复的痛苦经历。当时，他切身体会到藩政权的强大、掌握藩政权的藩主的强大以及藩主背后的监护人的强大。

西乡隆盛也未能幸免地成为这种纷争的牺牲品，他先后两次被流放远岛。但他的想法不同于大久保，他一如既往地坚持"心怀诚意尽力而为"。而且，他在被流放远岛期间，目睹了岛民生活的艰辛，意识到萨摩藩政存在的问题，对藩政府感到不满，这种不满又进一步延伸至德川幕府。

认识到藩主权力之强大的大久保则开始在组织中灵活运用处世术。为了接近藩主的监护人即手握实权的岛津久光，在得知久光爱好围棋后，大久保特地学习围棋，通过围棋接近久光。大久保原来也属于齐彬派，敌对派的久光可以说是他的敌人。但与流放远岛的西乡一直敌视久光不同，大久保并不纠结这些，他认为："要做想做的事情，就必须先接近实权者，进入权力的圈子，争取部分权力。如果不这样做而一味抵抗久光，结果只能是连西乡也回不来，被永远流放远岛。这是西乡虑事不足。"

而岛上的西乡则愤慨激昂地认为："为人处世不该卑屈，更何况是向敌人低头，为敌人而学习棋艺，简直太不像话了！久光是齐彬主公的敌人，必须与之战斗到底。"

这也是西乡与大久保截然不同之处。

其实久光未必是齐彬的敌人。久光想要亲手实现兄长齐彬的方针，他的政治路线与齐彬刚好一致。大久保也因此改变了对久光的看法。但西乡却坚决不改，不管大久保怎么劝说，西乡都反对说："你被久光骗了。"即使在精忠组的努力下结束流放回来后，西乡也坚决不改变对久光的态度。听到久光说："我打算继承兄长遗志，率大军上京都，要求德川幕府改革政治。你也跟我一同去。"西乡也毫不掩饰嘲笑之意，看着久光说："这等大事业，换作已故齐彬公，还有可能实现，你的话就勉为其难了。"窝火的久光把嘴里的烟管咬得嘎嘎响，甚至在烟管上留下了牙齿印。这个情节前文已经说过。当时站在旁边的大久保为西乡捏了一把冷汗（好不容易把你从岛上叫回来，你却顶撞久光。回头免不了被久光厌恨，再吃苦头）。果不其然，久光厌恨西乡，以一点小错为借口，再次将西乡流放远岛。

那么，周围的人是如何评价西乡和大久保的为人处世的呢？不管怎么说，还是对西乡的评价更高。大家普遍认为："无论处境多么糟糕，西乡都不忘初心。哪怕被打压得那么惨，他还是坚忍着。着实了不起！"与此相对，大家认为大久保是"卑屈的家伙。对敌人低声下气，还用围棋逢迎敌人。自己谋了个好位子，飞黄腾达了，却败坏了精忠组的名声。"

有意思的是，大久保对此却满不在乎，甚至显得恬不知耻。因为他相信"不渗透进权力层内部，就无法做精忠组想做的事业"。大久保也有大久保的道理。现代社会也一样，企业这样的组织中也存在迥然而异的两类人，一类坚持与上层抗争到底，另一类则做出部分妥协，听从上层的安排，让自己的才能得到认可，逐渐变上层权力为己有。

如果西乡和大久保处在现代企业之中，将会是典型的对立的两极。我们很难说应该站在西乡这边还是大久保这边，因为两种都需要。即本书开头所写的"情"和"理"都是必不可缺的。如果光顾"理"而无视人际关系，必定无法在企业组织中生存；如果光顾"情"而拉帮结派，必然陷入人际关系的泥潭，走向毁灭。

"情"一边倒的西乡和"理"一边倒的大久保的死便是典型的例子。"情"一边倒的西乡袒护自己其实并不赞同的后辈的暴乱。他的逻辑是："我是反对暴乱的。但既然后辈已经发起了，我也不能置之不顾而自己逃跑。那就一起死吧。"结果不幸被他言中，他就那样死了。而大久保这边，也因政治手段过于冷酷无情，遭到暗杀。可以说，西乡拘泥于人情而迷失自我，大久保过于理性而棱角突兀，都招致杀身之祸。当事人也许对此无话可说，但后世的我们该如何看待二者呢？西乡和大久保确实是幕末维新的时势造出的伟大领导者，但有些方面可谓我们的反面教材。

置身于现代企业组织的人，必须懂得该向二人学习什么，不该学习什么。

终章　现代领导者的人望

　　时代的价值取向不同，对历史人物的评价也不尽相同。即使同一人物，也有可能在某个时代备受推崇，而在另一个时代被贬得一文不值。南北朝时代的楠木正成（1294？—1336）和足利尊氏（1305—1358）就是典型的例子。尤其是二战中和二战后的评价形成的反差，简直让人不由得同情当事人。

　　值得注意的是，二战前和二战后人们对西乡隆盛的评价并没什么不同。无论时代如何变化，西乡总是拥有极高的人气。也许他的悲剧性结局，以及那种"好，我的命就交给你们了"式的绝对包容，散发着领导者的无限魅力吧。

　　即使现在，也还有"去了鹿儿岛，如果说西乡的坏话，就别想活着回来"这种亦假亦真的说法。不难想象西乡隆盛在鹿儿岛的人气。这与山梨县人对武田信玄的爱戴相似。而且，西乡的人气远远超出了鹿儿岛，遍及整个日本。

　　相比之下，大久保利通就不太受大众欢迎了。大久保在东京的纪尾井坂遭暗杀，也是悲剧性结局，但大家并不像对西乡那样深感遗憾。甚至有人觉得这是他"自作自受"。这种差异到底因何而起？因人望而起。

现代社会中大家可以依照自身的价值观评价历史人物。特别是 IT 高速发展的社会中，人们的自我意识迅速觉醒，甚至有观点称社会已经从大众时代进入"个众时代"了。评价历史人物时，大家都从自己的视角出发。说来，不仅历史人物，就连同时代的人物也受到 360 度全方位审视。

例如，对于同一个人，A 可能说"那个人真了不起"，B 则可能说"其实就是个俗不可耐的俗物"，而他们的评价可能同时成立。这是价值多元化社会中常见的现象之一。价值取向不同，对同一人物的同一事情，也可能存在迥然不同的看法。本书的构成上也考虑到这一点，针对个别事件，即使同一结果、同一言行、同一情节，也从不同角度多次展开分析。

据说，现在最受重视的领导能力是以下五点：一、预见力；二、信息力；三、判断力；四、行动力；五、体力（健康）。如果以这样的标准来衡量，大久保利通遥遥领先。然而西乡的"人望"却是大久保望尘莫及的，这是为什么呢？

这是因为即使在今天，比起"做什么"（做的内容），日本社会还是更重视"是谁说的"（说的主体）。大久保是重视"做什么"的人，西乡则是重视"是谁说的"的人。两人的对比反映出日本社会更倾心于重视"是谁说的"的人。

而且，西乡隆盛一直重视人际关系，对后辈、部下平易近人；大久保利通则重视组织，他重视实现组织目标远胜于重视人。因此，在他们的追随者的眼中，西乡是个有人情味的人，而大久保则是理智得近乎无情的人。

尽管如此，现在最受重视的领导才能还是前述几种，这也许说明了大久保式的人物更能应对现代社会的问题。但是，人们并不满足于这些，大家依然渴求西乡式领导特质。现代社会中的"人望"已然出现新的内容，而不能简单地概括为"受人爱戴"、"有魅力"。尤其对于身处组织中的人而言，这是每天必须面对的课题。

本书正是基于这个问题意识展开探讨的，希望能为大家对公司职员的"事例研究"提供参考。表达能力有限，难免有论述不到位之处，还请大家见谅。

本书再版之际，考虑到不少地方有必要与时俱进，我对文章做了不少修改。制作过程中，多亏了PHP研究所商务出版部的竹下康子女士的关照，在此深表感谢。

童门冬二

年表——追寻西乡隆盛的人生轨迹

文政十年　1827 年　1 岁

十二月七日出生于鹿儿岛城下的下加治屋町。父亲西乡吉兵卫，母亲雅子，为其长子。幼名小吉。

弘化元年　1844 年　18 岁

担任郡方的文书助理，成为郡方奉行迫田利济（太次右卫门）的下属。后升任文书，直至 27 岁担任此职。任职期间目睹萨摩藩领内农民的艰辛。这一时期更名为吉之介（助）。

嘉永三年　1850 年　24 岁

三月赤山靫负因受到此前一年萨摩藩内部权力斗争——由罗骚动的牵连而自杀。西乡收到其血染的腹带，决心与同伴一同投身藩政改革。

嘉永四年　1851 年　25 岁

二月齐彬取代齐兴担任藩主，开始施行近代化政策。西乡与大久保利通（大久保一藏）、有村俊斋等结成《近思录》讲读会。这一时期，西乡还向伊藤茂右卫门学习阳明学，向无参禅师习禅。

嘉永五年　1852 年　26 岁

春天祖父龙右卫门去世。

九月二十七日父亲吉兵卫去世，西乡继承家业。

十一月二十九日母亲雅子去世。

是年，西乡改名吉兵卫，向齐彬提交农政建议书。卖掉下加治屋町的房子，搬至鹿儿岛郊外。

是年，与伊集院兼宽的姐姐须贺（或妹妹俊子?）结婚。

安政元年　1854 年　28 岁

一月跟随齐彬参勤出府，前往江户。

四月得到齐彬提拔，晋升庭方役。同月认识水户藩的户田忠太夫（户田蓬轩）和藤田东湖，并开始深交。

闰七月齐彬世子虎寿丸突然身亡，齐彬也身染重病，西乡向目黑不动明王祈祷。

是年，离婚。

安政二年　1855 年　29 岁

六月与水户和越前等藩藩士的交往加深。

十月藤田东湖去世，西乡为之悲痛。

十二月结识越前的桥本左内。

是年，受齐彬之命，为拥立一桥庆喜担任将军而奔走。此外，还发起了肃清藩内反齐彬派重臣的运动，但因齐彬的命令而中止。

安政三年　1856年　30岁

四月就将军继嗣问题与齐彬深入交谈。

十二月岛津忠刚之女敬子以近卫家养女的身份，成为将军家定的夫人（天璋院笃姬）。

安政四年　1857年　31岁

四月跟随齐彬从江户出发，在京都、大阪与各藩志士会面。在熊本与长冈监物会面，并约定深交。

五月到达鹿儿岛。

十月担任徒目付鸟预庭方兼役，受命驻江户。

十二月到达江户，与桥本左内会面，把齐彬关于将军继嗣问题的书简交给越前藩主松平庆永（松平春岳）。

安政五年　1858年　32岁

二月就将军继嗣问题与诸藩藩士开展政治活动。

七月十六日齐彬急病身亡，岛津忠义成为藩主，其父久光掌握藩政。七月二十四日西乡于大阪得知齐彬死讯，准备回鹿儿岛殉死，被僧人月照劝阻，决心继承齐彬遗志。

十一月十六日于锦江湾大崎鼻冲与月照一同投水，月照死去，西乡获救。

十二月二十八日改名菊池源吾，被要求潜伏奄美大岛。

安政六年　1859 年　33 岁

一月二日在伺机渡船前往大岛时，对大久保利通等的政治方针发表意见。

二月到达奄美大岛，住进龙乡村龙左民的家宅。

十一月藩主父子久光、忠义谕告大久保等人，西乡被视为精忠组首领。

是年，西乡迎娶龙氏家族的佐荣志之女爱加那为爱妾。

万延元年　1860 年　34 岁

二月藩主赐抚恤金给西乡在鹿儿岛的家。

四月西乡得知樱田门外之变而喜。

文久元年　1861 年　35 岁

一月二日爱加那产下菊次郎。

十月龙乡村的新居建成。

十一月二十日接到归藩之命，改名大岛三右卫门。

文久二年　1862 年　36 岁

二月十二日到达鹿儿岛。十三日就小松带刀和久光的举兵上京都计划展开论争。十五日恢复徒目付鸟预庭方兼役的旧职。反对久光上京都。

　　三月十三日作为久光上京都的先遣部队，西乡与村田新八从鹿儿岛出发。二十二日到达马关，听闻京都的形势后，不顾久光的待机命令，前往大阪。

　　四月收到处罚命令，被送返鹿儿岛。

　　六月被定罪流放德之岛。六月十日到达德之岛，在冈前住下。

　　七月五日爱加那在奄美大岛产下菊子。

　　八月二十六日爱加那带着两个孩子来见西乡。同日西乡接到流放冲永良部岛的处分命令。改名大岛吉之助。西乡家的俸禄十四石及财产被没收。其弟吉次郎和从道一同受禁闭处分。西乡立即被送往冲永良部岛，在和泊村入狱。起初，严酷的待遇导致其健康严重受损，乃至濒临死亡。后来，在土持政照等人的好心帮助下得以康复，并转移至新建于家宅中的牢房。

文久三年　1863 年　37 岁

　　为岛上的孩子开设私塾。七月听到萨英战争的消息，决心和土持政照离岛参加战争，后得知英国军舰退去而中止。

元治元年　1864 年　38 岁

　　二月二十日吉井友实、西乡从道来冲永良部岛传达召还的藩令。二十八日到达鹿儿岛。提交关于三岛砂糖的行政改革建议书。

三月四日从鹿儿岛起航。十四日到达京都。十八日担任萨摩藩的军赋役。此后，与大久保利通、小松带刀相配合，担任萨摩藩外交军事总指挥。

七月十九日禁门之变中指挥萨摩藩兵与长州军作战，负伤。

八月中旬，在京都与坂本龙马会面。

九月十一日在大阪与胜海舟会面。

十月二日升任侧役。藩主赐战功奖状、阵羽织、佩刀，表彰西乡在禁门之变中的军功。恢复原姓西乡。十月二十四日征长军总督德川庆胜将长州的处分委托于西乡。

十一月三日到达岩国，会见吉川监物，制定长州处分的方案。十六日中止进军征讨。向总督提交长州处分提案。

十二月十一日在马关筹划对三条实美等五卿的处分。二十七日建议解散征长军。

庆应元年　1865 年　39 岁

一月二十八日与岩山八郎太之女丝子再婚。

二月前往太宰府与五卿会面，前往福冈委托福冈藩主黑田长溥（1811—1887）处分五卿。

三月七日从博多出发，十一日到达京都。

四月二十二日离开京都踏上回乡之旅，坂本龙马同行。四月升任大番头、一身家老。

五月与大久保利通商议并得出结论，拒绝再次出兵征伐长州。

九月和大久保在京阪地区活动，希望通过诸侯会盟打开局面。二十六日与坂本龙马一同从大阪起航。

十月四日到达鹿儿岛，汇报京都的形势，敦促久光上京都。被任命为御所役，并晋升为代代小番。

十一月与小松带刀一同率兵从鹿儿岛出发。二十五日到达京都。

十二月派黑田清隆、坂本龙马前往马关负责缔结萨长讨幕同盟。

庆应二年　1866年　40岁

一月八日得知木户孝允上京都，与村田新八一同到伏见迎接。二十日坂本龙马上京都。二十一日在坂本的斡旋下，西乡和小松带刀与木户会谈，结成萨长同盟。

四月在鹿儿岛致力于藩政改革、陆海军扩张。

六月十八日与寺岛宗则一同前往入港的英国军舰皇家公主号，会见英国公使帕克斯（1828—1885）。

七月十二日嫡子寅太郎诞生。

九月担任大目付、陆军挂。

十二月九日在兵库与英国公使馆书记萨道义（1843—1929）会面。

庆应三年　1867年　41岁

二月一日到达鹿儿岛，就四侯会议向久光、忠义提议。十六日在高知谒见山内容堂，敦促其上京都。二十七日回到鹿儿岛，向久光复命。

三月二十五日跟随久光率藩兵上京都。

四月十二日到达京都。

五月二十一日与板垣退助（1837—1919）、中冈慎太郎共誓讨幕。

六月十五日拜访山县有朋，告之以讨幕的决心。建议久光接见山县有朋。十六日久光接见山县有朋，委托他向毛利敬亲引见萨长联盟的密使。二十二日西乡、小松和大久保一同会见中冈慎太郎、后藤象二郎，约定协力通过大政奉还实现公议政体（萨土盟约）。

七月七日派遣村田新八前往长州，试探长州对萨土盟约的态度。

九月七日会见后藤，听了土佐藩关于提交大政奉还建议书的主张，拒绝配合推动大政奉还（撕毁萨土盟约）。十九日大久保与长州藩约定出兵讨幕。

十月八日和小松、大久保等人在萨摩藩邸会见长州藩的广泽真臣（1834—1871）、品川弥二郎、广岛藩的辻将曹等人，决定三藩通力合作坚决实行王政复古。十四日萨摩藩收到讨幕的密诏。西乡与大久保、小松、广泽、品川等联名奉上奉命书。十七日和大久保、小松、广泽等人一同从京都出发。二十二日到达山口，拜见毛利敬亲父子，呈上讨幕密诏，敦促他们出兵上京都。二十六日抵达鹿儿岛，建议藩主父子出兵上京都。

十一月十三日拥岛津忠义率兵上京都。二十三日到达京都。二十四日制定德川氏处分书。

十二月一日与大久保、岩下方平、吉井友实以及长州藩的山田显义、品川弥二郎会面，敲定王政复古大号令的发布日。六日与岩仓具视、伊地知正治、岩下、吉井等在大久保邸会面，商定于九日发起王政复古政变。九日命令萨摩、广岛、尾张和福井的藩兵出动。会津、桑名藩兵退却，土佐藩兵也出动。发布王政复古大号令。小御所会议要求德川庆喜辞官纳地。十二日成为新政府的参与。

明治元年　1868 年　42 岁

一月一日收到江户萨摩藩邸遭到火攻的消息。三日幕府军从大阪大举北上，将援兵送至鸟羽、伏见。下午西乡听到捷报，请求视察伏见战线，授予锦旗。四日至五日指挥官军。七日出席征讨令发布会议。

二月一日与大久保商议征讨策略。十二日指挥萨摩藩东海道先锋军从京都出发。二月十四日担任东征大总督参谋。

三月六日命令东海道和东山道两军于十五日向江户城发起总攻击。九日会见携带胜海舟的书信前来骏府的山冈铁舟。十三日于江户高轮的萨摩藩邸会见胜海舟，就德川氏的处分交换意见。十四日与胜海舟会面，接受幕府方面的不同提案。翌日下令中止对江户城的总攻击。

四月四日进入江户城。

五月十五日指挥黑门口的萨摩军攻击彰义队。

八月六日为镇压东北地方而率领三队从鹿儿岛起航。

九月十四日进驻米泽。二十七日进驻庄内，实行宽大的战后处置。

十一月上旬回到鹿儿岛。此后至翌年二月多次到日当山温泉休养。

明治二年　1869 年　43 岁

一月辞去藩中职务。十八日收到政府的出仕邀请，但未接受。

二月二十三日藩主忠义在村田新八陪同下前往日当山，请求西乡参与藩政。二十四日跟随忠义回到鹿儿岛。二十五日担任萨摩藩参政。

因维新战功，六月二日获得政府永世二千石的奖赏。

九月二十六日叙正三位，西乡辞退，但未获准。

明治三年　1870 年　44 岁

一月十八日辞去参政之职，担任藩政顾问。

七月担任鹿儿岛藩大参事。

十一月弟弟从道从东京归来，催他再度出仕。

十二月十八日与忠义一起迎接敕使岩仓具视和副使大久保利通等前来鹿儿岛。二十日与大久保会面。二十五日岩仓向久光和西乡劝说出仕，久光同意西乡出仕。

明治四年　1871 年　45 岁

一月三日从鹿儿岛上京。七日到达山口。八日会见木户孝允，劝说其出仕。十三日和大久保、木户一同从山口出发。十七日到达高知。十九日会见板垣退助，劝说其出仕。二十一日和板垣等人一同从高知出发。

二月二日到达东京。八日筹划亲兵制。十五日为征集亲兵而从东京出发。

五月获许奉还正三位之位。

六月二十五日和木户一同成为参议。此后，大规模调整宫中和政府各省的人事。

七月上旬与大久保商议废藩置县。十四日果断决定废藩置县。

十一月十日岩仓、大久保、木户等人出发前往海外，西乡统管留守政府。

明治五年　1872 年　46 岁

三月把亲兵改为近卫兵。

五月二十三日陪同天皇巡幸西国，从东京出发。

七月二十日担任参议兼陆军元帅兼近卫都督。

八月派遣别府晋介等人前往朝鲜、派池上四郎等人前往中国东北调查"风俗民情"。

十一月久光宣布西乡的 14 条罪。西乡请假回鹿儿岛，向久光提交谢罪书。

明治六年　1873 年　47 岁

五月十日政府发布征兵令，任命西乡为陆军大将兼参议。

六月患病，在弟弟从道位于目黑的家中疗养。天皇派遣御医及德国医师霍夫曼为其看病。十二日朝鲜问题被提上阁议，西乡反对出兵，主张派遣使节，并自荐当使节。

八月三日向三条实美论说遣韩使节的必要性，请求任命自己为使节。十七日阁议决定派遣西乡前往朝鲜。十九日上奏天皇。

十月十四日岩仓、大久保加入阁议，意见对立。十五日阁议继续，但西乡未出席。会议决定将派遣使节一事委以西乡。十七日岩仓未出席阁议，大久保等人也提交辞表，未出席。十八日三条实美病发，岩仓被任命为太政大臣代理。二十二日西乡与板垣退助、副岛种臣（1828—1905）、江藤新平（1834—1874）前往岩仓邸，要求派遣使节的敕裁，未能说服岩仓，只好返回。二十三日岩仓奏请中止遣韩使节，并获得敕裁。二十四日决定遣韩使节无限期延期。西乡提交辞表，辞去参议、陆军大将、近卫都督之职，归隐东京郊外。二十五日获许辞去参议、近卫都督之职。板垣、副岛、江藤、后藤象二郎也辞职。二十八日从东京出发。

十一月十日到达鹿儿岛。住在郊外的武村。

是年，四子出生。

明治七年　1874 年　48 岁

三月一日江藤新平拜访在鳗温泉休养的西乡。

六月西乡在鹿儿岛设立私学校和炮队学校。

十月大山岩回国，并前往鹿儿岛劝说西乡重回政府。

明治八年　1875 年　49 岁

四月创立吉野开垦社。同月拒绝大山岩（1842—1916）关于考察普法战争的邀请。

五月三日三条实美的使者来鹿儿岛，劝西乡上京，遭到拒绝。

十一月与县令大山纲良（1825—1877）合力推行鹿儿岛县政的改革。鹿儿岛实际上成为西乡王国。

是年，私费送私学校的三名学生前往法国留学。

明治九年　1876 年　50 岁

三月岛津久光的使者来鹿儿岛，劝促西乡上京，遭到拒绝。

十一月西乡得知萩之乱、神风连之乱，归隐乡下。

十二月大山岩回国，再次劝说西乡重归政府，遭到拒绝。

是年，送私学校的两名学生去法国留学。

明治十年　1877 年　51 岁

一月二十九日私学校学生袭击政府保管的弹药库、火药制造所，抢夺弹药。

二月三日西乡从大隅半岛的小根占回到武村。桐野利秋等论说政府的阴谋，催劝西乡奋起。十二日西乡写公式文书给大山县令称自己将东上向政府讨说法。十七日从鹿儿岛出发前往熊本。二十二日包围熊本。二十五日被剥夺官位。二十七日弟弟小兵卫战死。

三月二十日田原坂陷落。此后，节节败退至人吉、宫崎、高锅。

九月一日与敢死队一同撤逃，回到政府军占领下的鹿儿岛，在城山准备背水一战。二十四日官军发起总攻击。西乡在城山的岩崎谷负伤切腹，别府晋介为他斩下首级。桐野也自刃。

明治二十二年　1889 年

去世 12 周年，追赠正三位。

译 后 记

西乡隆盛，作为日本"明治维新三杰"之一，不仅在日本近代史上无人不知无人不晓，其跌宕起伏的人生经历和不凡的精神品质，也对近代中国的革命青年产生了非同一般的影响。

2018 年，值日本明治维新 150 周年之际，日本广播协会（NHK）的长篇历史电视剧就以西乡隆盛为主角，这也反映出在明治维新的众多英雄中西乡隆盛最受民众推崇。值得一提的是，二战前后，日本社会对历史人物的评价存在巨大差异，甚至有些人物战前备受推崇而战后评价一落千丈，西乡隆盛则始终备受赞誉。

西乡隆盛在明治维新中的杰出贡献自不待言，其卓越的领导力、人生观和价值观，对后人的影响也是深远的。典型的例子就是日本经营之圣稻盛和夫。稻盛和夫以西乡为精神偶像，以西乡的信条"敬天爱人"为自己企业的社训，打造出世界级企业。

本书作者童门冬二先生认为，一个半世纪过去了，西乡隆盛的人气经久不衰，这说明他身上具有能够超越时空引人共鸣之处。童门先生指出西乡隆盛在今天的意义至少有三个方面：一、西乡经历了自身所处时代的苦恼，并不懈地寻找解决之道；二、西乡不逃避潮流趋势，灵活运用不同对策从正面应对；三、解开西乡在民众中魅力经久不衰之谜，有助于把握日本式经营的真正特质。

考虑到本书中文版读者未必熟悉西乡隆盛，请允许译者结合书中所提及事件，对西乡隆盛的生平作简要介绍。

西乡隆盛跌宕起伏的一生

1828 年，西乡隆盛出生在萨摩藩下加治屋町的一个下级武士家庭。作为兄弟姐妹 5 人中的长兄，西乡隆盛自幼受到严格的武士训练，具有浓厚的忠孝仁义的道德观念。

萨摩藩被称为"明治维新的故乡"，明治维新的领导者很多出自萨摩藩。同为"明治维新三杰"之一的大久保利通，与西乡是同乡，年纪也相近，据说两人从小情同手足。西乡偏感性，大久保偏理性，两人的相互信任和默契配合，可以说是实现明治维新所不可或缺的。

西乡隆盛 18 岁开始任下级官吏。因其一片赤诚无私之心，得到开明的藩主岛津齐彬的赏识，1854 年成为齐彬的亲信扈从，跟随齐彬前往江户，开始为尊王攘夷运动奔走，结识了许多尊攘派人士。这一时期建立的人脉为他后来的政治活动奠定了重要的基础。

1859年岛津齐彬急病身亡，西乡意欲殉主，尊攘派僧人月照劝他继承主公未竟遗志。不久后，西乡和月照被幕府指名通缉。萨摩藩政府因畏惧幕府而不保护月照，倍感为难的西乡与月照投水自尽。月照命陨，西乡获救，并被安排隐姓埋名流放奄美大岛。在大久保利通等人的努力下，两年后西乡被召回，但很快又因惹怒萨摩藩实权人物、藩主监护人岛津久光，再次被流放。

1864年西乡获得赦免，前往京都任萨摩藩军的指挥，同年被任命为第一次长州征伐军的总督参谋。9月西乡与胜海舟密会，听取了胜海舟关于建立共和政府的构想后，开始投身倒幕运动。1866年3月在京都同长州藩倒幕派领导人木户孝允等人缔结萨长联盟密约。1868年1月，西乡与岩仓具视、大久保利通等人发动王政复古政变，推翻了德川幕府的统治，建立明治新政府。同年的戊辰战争中西乡任大总督参谋，指挥讨幕联军，取得了战争的胜利。因其在倒幕维新运动和戊辰战争中的卓著功勋，西乡被授正三位官职，赏典禄为两千石，成为诸藩家臣中官位最高、受封最厚的人。

1870年初，由于与大久保等人在内政方面的分歧，西乡辞职回鹿儿岛任萨摩藩藩政顾问。1871年到东京就任明治政府参议。1872年任陆军元帅兼近卫军都督。在此前后，参与废藩置县、土地租税改革等资产阶级改革。

1873 年 10 月，西乡因坚持征韩论而遭到大久保利通等人反对，辞职回到鹿儿岛，兴办名为私学校的军事政治学校。1877 年，被旧萨摩藩士族推为首领，发动反政府的武装叛乱，史称西南战争。9 月 24 日兵败，死于鹿儿岛城山。

简单回顾西乡隆盛的生平，我们不难看出西乡隆盛跌宕起伏的一生与幕府末期、明治前期的日本国家体制改革、社会变迁密不可分。其实，西乡隆盛在幕府末期的政治活动和人生经历固然是重中之重，但其悲剧性的人生结局，即从明治政府的缔造者转而成为以明治政府为敌的战争的发动者这一惊人的逆转，也无法绕开。而要理解这一逆转就有必要回到当日的历史现场，特别是回顾实现废藩置县这一重大改革之后明治政府面临的困难，以及明治政府内外各派势力围绕政治体制与政策体系的斗争，乃至明治六年政变（1873 年 10 月的政变）。

明治维新后日本新政府面临的困难局面

1871 年 7 月明治政府实现废藩置县后，开始向欧美派遣使节团（岩仓使节团），谋求修改此前与列强签订的条约和向欧美国家学习建设经验，包括大藏卿大久保利通（萨摩藩士出身）在内，政府高官中相当部分出访欧美，而以参议西乡隆盛（萨摩藩士出身）等人为首则形成了留守政府。随后围绕国家体制的构想及内外政策的制定，不仅留守政府自身已经深陷危机之中，而且岩仓使节团的高官和留守政府的高官之间共识也趋于减少，分歧不断增加。1873 年 5 月 26 日大藏卿兼岩仓使节团副团长大久保利通回到了阔别已久的日本。日夜等待他归来的太政大臣三条实美（攘夷公卿出身）等留守政府高官似乎看到了不久后平息政府内纷的希望。以下我们不妨稍微理一理当时的相关史事。

1873 年 5 月 3 日，在大久保利通任最高长官的大藏省，大藏大辅井上馨（长州藩士出身）和大藏省三等出仕涩泽荣一（豪农出身）向正院提交了财政改革建议书的同时递交了辞呈。5 月 9 日正院拒绝了他们的财政改革建议却批准了他们的辞呈。很快留守政府三参议之一的大隈重信（肥前藩士出身）以大藏事务总裁的身份，开始负责大藏省的全盘事务。而留守政府三参议之一兼司法卿的江藤新平（肥前藩士出身）提出要严查井上馨贪污事件。

原来这一年 4 月大藏省会同全国府县知事讨论土地租税改革的事情。尽管与会者中有不少是开明的官僚，主张确立农民的土地权，实现租税均等负担。但是修改条约交涉的失败使得收回关税权无望，他们不得不放弃这些原则而制定更为务实的土地租税改革方案。其基本精神是确保不因土地改革而使政府租税收入有所减少。于是，成为租税体系核心的地税成了官府和农民关系的焦点。

问题远不止于此，留守政府三参议之一的西乡隆盛激烈地主张将他任命为遣朝使节。西乡作为留守政府的最高负责人之一，饱受了各种窝囊气，包括军队内部出现的丑闻和纷争。上一年末以来陆军大辅山县有朋（长州藩士出生）挪用陆军省经费给商人山城屋和助的事件曝光。军界的萨摩藩势力和参议兼司法卿江藤新平对此不依不饶。只好请西乡代替山县做了段时间近卫都督。

1873 年年初开始实行的征兵制不仅让农民疑惑、惊惶，更令武士不满。与此同时，井上馨等人提出的征收家禄税和实行家禄奉还的激进政策意见也激怒了本已十分困窘的旧武士阶层。这一年 5 月原萨摩藩主岛津忠义之父岛津久光向正院提出批判时政的上书，力倡"节俭"和"崇武"。原来老早就和西乡有过结的久光现在的地位已不如西乡。而且，1868 年初王政复古以来的政治变革早已超出了久光等公武合体论者的设想。不管是面子上，还是政见上，久光也是憋了一肚子气，终于借此上书把气全撒到了以西乡隆盛为首的留守政府大员的身上。

明治政府的大分裂——明治六年政变

拙于行政、财政事务的西乡也没万全之策，不堪烦恼的他既想着使自己得到解脱，也想着如何改善戊辰年（1868）凯旋后回到各藩的武士们的处境。明治维新后日朝关系发生变化，日本朝野之间出现了一股"征韩"的主张，并且声势日益高涨。西乡似乎想从中寻找一个解决国家矛盾和消除一己烦恼的办法。这样留守政府内部出现了一个"征韩派"，以西乡隆盛、坂垣退助（土佐藩士出身）和副岛种臣（肥前藩士出身）等为首。全国不满士族都望着他们。明治政府尽管已经实现了废藩置县，但它还没有建立起稳固的财政基础，而且留守政府内部藩阀势力之间纷争不断，全国各地都有不平士族，随时都有可能出现变乱。这就是摆在留守政府的西乡隆盛和刚回国的大久保利通等政府高层面前的难题。

事实上，正如日本学者坂野润治所分析的，明治六年政变（1873 年 10 月的政变）后至 1877 年西南战争前后围绕着国家建设的构想，朝野之间形成了四种国家体制论及相应的政策体系论。即西乡隆盛等在朝或在野的萨摩军人主张"强兵体制"，要求对外用兵；以内务卿大久保利通、大藏卿大隈重信和工部卿伊藤博文（长州藩农民出身）三人联合为前提形成的优先发展内治、大力推进殖产兴业的政治路线派别，这一派主张"开发官僚制"，致力于推行"富国"政策；以木户孝允（长州藩士出身）、井上馨为首的长州派主张限制立宪制，要求实行稳健的财政政策；以高知（原来的土佐藩）为中心的政治势力则主张速开民选议院。当然关于国家体制及政策体系的论争与藩阀政府内外的权力斗争密不可分地纠缠在一起。

明治六年政变中，明治政府内部发生大分裂，西乡隆盛等外征派下野，主张内治优先的大久保利通一派掌握政权。此后，曾经共同促成明治维新胜利的西乡隆盛、大久保流通和木户孝允等人之间政见和私人关系越行越远。这一时期明治政府高层斗争的结果，直接影响了此后近代日本的国家发展，也塑造了他们的个人命运。

童门冬二《西乡隆盛：
剧变时代的领导力》

本书作者童门冬二先生是日本著名作家，他的著作十多年前就被译介到我国。童门先生擅长历史题材的创作，获得广泛好评。他的主要作品有《涩泽荣一》《笃姬》《上杉鹰山》，以及《德川家康的经营学》《上杉鹰山的经营学》《宫本武藏的人生训》《胜海舟的人生训》《经营之奥秘：日本历代名人启示录》等。

童门先生善于在历史题材的创作中，融入自身对人事管理、组织运营的深刻思考和独到见解。这主要得益于童门先生丰富的社会阅历。他在专职从事写作之前，曾历任日本东京都立大学事务长，东京都广报室长、企划调整局长、政策室长等职务，积累了丰富的职场经验和管理经验。

翻译本书，译者感触最深的是童门先生以质朴的语言展开深入思考和分析的功力。关于西乡隆盛，关于日本式经营、经营管理学、人际关系学的研究很多，童门先生没有简单借用现成的概念和理论来分析人物和事件，而是带着自己长年对职场的敏锐洞察和深刻思考，在西乡隆盛的人生经历与为人处世之道中，寻找可供当今的管理者借鉴的地方。

当今处于全球化、信息化时代，社会发展日新月异，各行各业都面临前所未有的挑战，管理者与年轻人之间的代沟也不可避免地加深，"三岁一代沟五岁一鸿沟"不再是夸张的说法。

这些都给管理者的工作带来极大的挑战。虽然西乡隆盛在时代上与我们相距甚远，但他灵活应对社会的急剧变化，充分调动他人共创伟业的经历，对当今的管理者不无借鉴意义。

童门先生深入分析了西乡隆盛的性格、信念、情感模式、谋事策略等，并将他与同时代的大久保利通、坂本龙马等人进行比较，剖析了西乡隆盛的人格品质如何帮助他赢得周围人的尊重和支持，从而实现明治维新。他探讨了为何看似不太符合现代人对管理者的期待的西乡隆盛至今仍然人气不减，通过比较周围的人对西乡与大久保的为人处世之道的不同回应，揭示了日本式经营的某些特质。这些对于急剧变化的时代中肩负企业经营管理之责的人思考如何正视社会潮流趋势，发挥人格魅力充分调动大家一起灵活应对，具有重要的参考意义。

饶雪梅

2019 年端午